JN069812

本当にスコアが上がる
厳選問題240問

TOEIC® L&R TEST 英文法

TARGET 900

900

成重 寿
Narishige Hisashi

Jリサーチ出版

はじめに

▶ 900点クリアには、Part 5は準パーフェクトが求められる！

Part 5はTOEICのリーディングセクションの最初のパートで、30問で構成されています。スコア900点を獲得するには、リスニング470点、リーディング430点くらいが目安となり、リーディングでの正答数は90問近くが求められます。

900点を取るには Part 7 で解き残しはあまり許されませんが、逆にすばやく解いていく中でどこかでミスはしてしまうものです。セクション全体を通して、Part 5 も同様に9割の正答を確保することが不可欠です。

本書はPart 5を正確に速く解くことが必須の900点目標の方を主対象に作成された問題集です。900点と銘打っていますが、800点目標など高得点をめざす方には等しくお使いいただける内容です。

8日で完成できるスケジュールで構成されていて、各DAYともに本番のPart 5と同じように30問の問題が収録されています。

▶ 難度3レベルのテスト問題にトライしよう

各DAYは次のような難度で配列されていて、「800点レベル」→「900点レベル」→「950点レベル」と難度が高くなっていきます。

(800点レベル) … 標準　DAY 1　DAY 2　DAY 3

(900点レベル) … やや難　DAY 4　DAY 5　DAY 6

(950点レベル) … 難　DAY 7　DAY 8

800点レベルはほぼ実際のテストの標準レベルですので、スコアの目安にお使いいただけますが、900点レベルと950点レベルは実際のテストよりも難しいです。スコアの比較ができにくくなるので、その点をご了解のうえ、いわゆる「高地トレーニング」としてお使いください。

ただ、すべての問題をTOEIC Part 5の問題パターン、また語彙レベルの範囲内で作成していますので、難しいのは単語・表現の意外な使われ方であったり、文脈のとりにくさであったりします。文法知識を問う問題はほぼ標準レベルです。

▶3ステップの解説でしっかり理解できる

問題の解説では、実際の問題を前にしてどう対処するかという「考えるプロセス」を重視して、正解を導く過程を3つのステップでわかりやすく紹介します。また、誤答選択肢についても「なぜダメなのか」という点を示します。

ステップ1 選択肢の並びと空所の位置を見て、出題の意図を知る

▽

ステップ2 空所の役割をつかむ、文意をつかむ

▽

ステップ3 適切な選択肢を決める

本書は一度だけ解いて終わりにするのではなく、解説をよく読んで、二度、三度とトライしてみてください。直前対策に利用する方は8日間のスケジュールで、時間に余裕のある方は他の学習と並行してご自分のスケジュールで進めていただければと思います。

読者のみなさんが高得点者の仲間入りをされることにこの本が少しでも貢献できれば幸いです。

著者

CONTENTS

はじめに …… 2
900点を獲得するためのPart 5攻略法 …… 6
本書の利用法 …… 8
本書で使われる文法用語・略号 …… 10

800点レベル

中級から上級への90問！

DAY 1 実戦練習 No.1（30問）…… 11
DAY 2 実戦練習 No.2（30問）…… 43
DAY 3 実戦練習 No.3（30問）…… 75

900点レベル

実戦的な解答力を磨く90問！

DAY 4 実戦練習 No.4（30問）…… 107

DAY 5 実戦練習 No.5（30問）…… 139

DAY 6 実戦練習 No.6（30問）…… 171

950点レベル

TOEICを完全制覇する60問！

DAY 7 実戦練習 No.7（30問）…… 203

DAY 8 実戦練習 No.8（30問）…… 235

覚えておきたい Part 5 の必須単語100…… 267

900点を獲得するためのPart 5攻略法

Part 5は合計30問の短文空所補充形式のパートです。900点をめざす場合はこのパートで9割の正解が必要となります。

Part 5制覇に求められるもの

Part 5で9割の正答率を確保するには何が必要でしょうか。Part 5に求められるものは、基本的に〈文構造の分析〉と〈文脈の理解〉の2つの能力です。ただ、能力が備わっていることが、結果に直結するわけではありません。

リーディングセクションはPart 5で終わりというものではなく、そのあと2つのパートが続きます。仮にPart 5で9割を確保しても、時間を要してしまってPart 7が7割では目標の900点には達しません。

つまり、Part 5では〈文構造の分析〉と〈文脈の理解〉を上手に駆使して、時間をかけずに正答を見つける〈速解力〉が求められるのです。

〈速解力〉を高めるには、Part 5をよく理解して、一定数の問題をこなし、出題される問題のパターンをあらかじめ頭に入れておくことが不可欠です。

文法問題と単語問題

Part 5の問題は、「文法問題」と「単語問題」に大きく分けることができます。

文法問題というのは、「品詞の識別」「動詞の形」「代名詞」「比較」などの問題です。これらの問題は空所がどんな役割をするかを見極めることがポイントになります。**文の構造を理解する力と文法の基礎知識があれば解ける問題なので、900点をめざすには文法問題を落とすことは許されません。**

単語問題は文意をつかんで空所に適切な単語を選ぶ問題です。選択肢に難しい単語が混じっていたり、知っている単語でも意外な用法が正解であったりするので、文法問題より難度が高いです。**この単語問題でどこまで誤答を絞れるかが900点獲得の試金石となります。**

時間配分

時間配分はリーディングセクション全体で考える必要があります。

900点突破には、すべての問題を解答する〈完答ペース〉が求められます（ただし、実際には正確に解答できていれば、Part 7のマルチプルパッセージの1セットができなくても900点は可能です）。

〈完答ペース〉の時間配分は、1問20秒で、Part 5 =10分で終えることです。続いて、Part 6 = 8分で解いて、Part 7 =57分であれば最後まで到達できるでしょう。

900点をめざす人にもPart 5の選択肢に知らない単語が出たり、問題文に知らない単語があって文意を正確につかめなかったりすることはあるはずです。どうしてもわからなければ適当にマークして次に進む判断も大切です。長考は後の問題処理に響いてしまいます。

900点をめざすための単語力

Part 5に必要なのは〈文構造の分析〉と〈文脈の理解〉の2つの能力と書きましたが、この2つを支えるのは〈単語・表現の知識〉です。

知らない単語や表現がなければ〈文構造の分析〉も〈文脈の理解〉もすばやくできます。したがって、900点をめざす人は日頃から単語力の増強を心がけましょう。

TOEICはノンネイティブのビジネス英語を中心にしたテストです。それゆえ、テストで使われる単語には制限が課されています。例えば、英字新聞と読み比べてみるとわかりますが、TOEICのほうが明らかに易しいです。

時には見たこともない単語に遭遇することもありますが、それらはおおむね解答に支障のない単語です。

TOEICの範疇の単語をマスターするのは想像するほど難しいことではないので、900点をめざすなら、TOEICの1回分のテストで知らない単語は数語～10語くらいの語彙レベルにしておくことが大切です。

本書の利用法

❶ スケジュール
DAY 1～DAY 8を表示します。「8日間完成」は最短のスケジュールです。時間のある方は、ご自分のスケジュールで進めてください。

❷ 目標タイム
900点をめざす人は1問＝20秒を目標としましょう。

❸ 問題
TOEICのPart 5で出題されるさまざまな内容・パターンの問題で構成されています。

❹ チェック欄
できかたどうかをチェックしておきましょう。3回チェックできます。

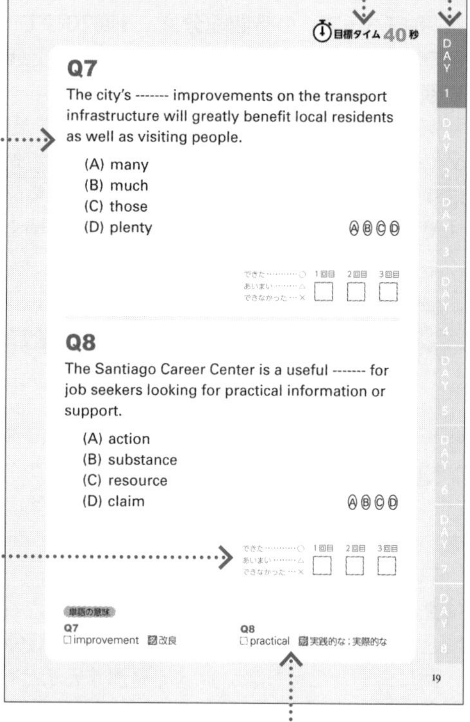

❺ 単語の意味
問題文中で少し難しいと思われる単語の意味を紹介しています。問題文を読んでわからない場合に参照してください。

この本は、8日間でPart 5を攻略することを目的に作成されたものです。
各DAYはPart 5と同じ30問の実戦練習問題で構成されています。

❻ 正解・難易度・問題パターン

難易度は★～★★★の3段階です。問題の種別を表示しています。TOEIC頻出の傾向をすべて網羅しています。

Q7 正解 (A) 形容詞の選択 ——— 難易度 ★★☆

ステップ1
空所は主語の中にあり、The city's ------ improvements on the transport infrastructure となっています。improvements を修飾する適切な単語を選ぶ問題です。

ステップ2
improvements が可算名詞の複数形であることを考えると、不可算名詞を修飾する (B) much は不適です。また、(D) plenty は数・量のどちらの意味でも使いますが、名詞なのでこのままでは修飾語として使えません。

ステップ3
(A) many は可算名詞を修飾できるので、これが正解です。 (C) those は「それらの」の意味の指示形容詞で、ここでは何を指すかが不明です。また、The city's という所有の形の後ろで使うこともできません。

問題・選択肢
市による交通インフラの多くの改良は、訪問客と同様に地元住民にも大きな利益をもたらすだろう。

(A) many 多くの (B) much たくさんの
(C) those それらの (D) plenty 多数；たくさん

Q8 正解 (C) 名詞の選択 ——— 難易度 ★★☆

ステップ1
空所は補語の中にあり、The Santiago Career Center is a useful ------ となっています。

ステップ2
be 動詞の is で結ばれているので、The Santiago Career Center = a useful ------ で、空所はキャリアセンターを言い換えた単語です。

ステップ3
(C) resource は「拠り所」の意味があり、キャリアセンターの言い換えとして適切で、また for 以下の「実践的な情報と支援を求めている求職者にとって」ともうまくつながります。 他の名詞では前後どちらともつながりません。

問題・選択肢
サンチャゴ・キャリア・センターは、実践的な情報と支援を求めている求職者にとって役に立つ拠り所だ。

(A) action 行動 (B) substance 物質
(C) resource 拠り所 (D) claim 請求

20

❼ 解答プロセス

解答プロセスは3つのステップで示しています。実際に問題を解くときの思考を再現しています。誤答選択肢が「なぜダメか」も紹介します。

❽ 問題・選択肢

問題文の訳と選択肢の情報（文法上の役割・訳語など）を示します。
※選択肢の情報は解答する上で必要なものを示しています。

本書で使われる文法用語・略号

本書の解説でよく使う文法用語・略号を紹介します。

述語動詞： 文の根幹を担う動詞です。「だれが何をどうする」の「どうする」に当たる動詞です。

主節： 2文で構成される文で、主になる方の文です。

従節（従属節）： 2文で構成される文で、従になる方の文です。

等位接続詞： 2つの文や語句を等しく結びつける接続詞です。and、or、butなど。

従位接続詞： 2つの文を主従の関係で結びつける接続詞です。when、though、becauseなど。

文の要素： 「主語S」「述語動詞（動詞）V」「目的語O」「補語C」が基本の要素で、それ以外は「付属の要素（部分）」「修飾語」としています。

5つの文型： 第1文型〈S V〉　第2文型〈S V C〉
第3文型〈S V O〉　第4文型〈S V O O〉
第5文型〈S V O C〉

代名詞： 人称代名詞（we、herなど）、指示代名詞（this、thoseなど）、関係代名詞（which、thatなど）などがあります。

不定代名詞： 不特定の人やモノを指すのに使う代名詞のことです。one、some、any、eachなど。

関係詞： 関係代名詞と関係副詞を含んだ総称です。

複合関係詞： 〈関係詞 ever〉の形のものです。
例えば、whatever。

●「単語の意味」の略号

他 他動詞　自 自動詞　形 形容詞　副 副詞
名 名詞　接 接続詞　前 前置詞

DAY 1
実戦練習 No.1

30問

（解答時間）

✓ Part 5 に出る全種の問題をランダムに出題しています。本番の Part 5 を解くつもりで、時間も意識しながら解答してみましょう。

✓ 問題を解いたら、解説を読んでしっかり理解しておきましょう。また、日をおいて、2回、3回とトライしてみましょう。

✓ 成果を記入してみましょう。3回分、記入できるようになっています。

	1st TRY	2nd TRY	3rd TRY
Score	／30問	／30問	／30問
Time	分　秒	分　秒	分　秒

目標タイム 40 秒

Q1

We will carry out the Sunday company picnic as planned ------- in the case of light rain.

(A) still
(B) even
(C) as
(D) but

Ⓐ Ⓑ Ⓒ Ⓓ

	1回目	2回目	3回目
できた…………○ あいまい ………△ できなかった …×	□	□	□

Q2

Prices that most accommodations in the Somerset Valley area set ------- depending on seasonal availability.

(A) vary
(B) various
(C) variously
(D) variety

Ⓐ Ⓑ Ⓒ Ⓓ

	1回目	2回目	3回目
できた…………○ あいまい ………△ できなかった …×	□	□	□

単語の意味

Q1
□carry out　～を実行する

Q2
□accommodations 名 宿泊施設
□availability 名 需要状況

DAY 1 DAY 2 DAY 3 DAY 4 DAY 5 DAY 6 DAY 7 DAY 8

Q1 正解 (B) 副詞の選択 ——— 難易度 ★☆☆

ステップ1

選択肢にはさまざまな副詞、前置詞、接続詞が並んでいます。空所は in が導く前置詞句の前にあり、------- in the case of light rain. となっています。

ステップ2

空所までの文意は「私たちは日曜日の会社のピクニックを予定通りに開催します」、空所の後は「多少の雨の場合」です。

ステップ3

空所には後ろの要素を強調する言葉が入ると考えて、(B) even（～でさえ；～でも）を選べば、「多少の雨でも」→「予定通りに開催される」となり、文意が通ります。(A) still（まだ）では文意が通りません。(C) as は前に as があることから推測させるひっかけの選択肢で、ここでは意味をなしません。(D) but（しかし）は等位接続詞なので、前後が同等の要素でないと使えません。

問題・選択肢

多少の雨でも、私たちは日曜日の会社のピクニックを予定通りに開催します。

(A) still 副詞（まだ）　(B) even 副詞（～でさえ）
(C) as 前置詞（～のように）　(D) but 接続詞（しかし）

Q2 正解 (A) 品詞の識別 ——— 難易度 ★★☆

ステップ1

空所の位置は Prices that most accommodations in the Somerset Valley area set ------- で、これに続く depending 以下は現在分詞を使った修飾語です。

ステップ2

set は動詞ですが、この動詞は関係詞節の most accommodations の述語動詞であり、ということは Prices の述語動詞がないことになります。

ステップ3

よって、動詞の (A) vary が正解です。ここの vary は自動詞で「変化する」の意味で、目的語は必要ありません。なお、他動詞で「変更する；変える」の意味で使うこともできます。

問題・選択肢

サマセットバレー地域のほとんどの宿泊施設が設定する価格は季節の需要状況に応じて変化する。

(A) vary 動詞（変化する）　(B) various 形容詞（さまざまな）
(C) variously 副詞（さまざまに）　(D) variety 名詞（さまざま）

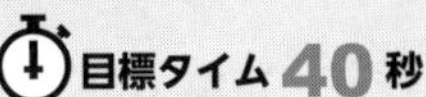

Q3

The new Shenzhen factory that is now fully operating is ------- located near the port with easy access to related parts manufacturers.

(A) strategy
(B) strategic
(C) strategically
(D) strategized

Ⓐ Ⓑ Ⓒ Ⓓ

できた ……… ○ / あいまい ……… △ / できなかった … ×

1回目	2回目	3回目
□	□	□

Q4

Celine Almeida, the ------- author of several bestselling historical novels, will publish her first work of science fiction this October.

(A) acclaimed
(B) routine
(C) elaborate
(D) widespread

Ⓐ Ⓑ Ⓒ Ⓓ

できた ……… ○ / あいまい ……… △ / できなかった … ×

1回目	2回目	3回目
□	□	□

単語の意味

Q4
□ historical 形 歴史の
□ publish 他 出版する

Q3 正解 (C) 品詞の識別 ―――――――――――― 難易度 ★☆☆

ステップ1

空所の位置は is ------- located near the port で、be 動詞と過去分詞に挟まれています。The new Shenzhen factory that is now fully operating がこの is の主語の要素です。

ステップ2

空所が形容詞（分詞）では located と重複するので不可。(B) と (D) を外せます。名詞がきて、後ろから located が修飾することは文法的に可能ですが、(A) strategy では「立地した戦略」となり意味をなしません。

ステップ3

順当にbe動詞と過去分詞の間に副詞が入ると考えて、(C) strategically を選びます。

問題・選択肢

今ではフル稼働しているシェンチェン新工場は、関連の部品メーカーにアクセスしやすい、港近くの戦略的に優れた立地にある。

(A) strategy　名詞　　(B) strategic　形容詞

(C) strategically　副詞　　(D) strategized　過去分詞

Q4 正解 (A) 形容詞の選択 ―――――――――――― 難易度 ★★☆

ステップ1

空所の位置は the ------- author of several bestselling historical novels で、空所の形容詞は author（作家）を修飾します。

ステップ2

どんな作家かと言うと、of 以下の「数冊のベストセラー歴史小説を書いた」作家です。

ステップ3

ベストセラー作家なので、(A) acclaimed（評価の高い）がぴったり当てはまります。カンマに挟まれた部分のみ読んで処理できる問題です。(B) routine は「決まり切った」の意味で work などを修飾します。(C) elaborate は「凝った」、(D) widespread は「広まった」の意味で、いずれも人には使いません。

問題・選択肢

数冊のベストセラー歴史小説を書いた評価の高い著者であるセリーヌ・アルメイダは、今度の10月に初めてのSF作品を出版する。

(A) acclaimed　評価の高い　　(B) routine　決まり切った

(C) elaborate　凝った　　(D) widespread　広まった

Q5

------- dates of our medicines are printed on the label or stamped onto the medicine box or bottle.

(A) Expire
(B) Expires
(C) Expired
(D) Expiration

Ⓐ Ⓑ Ⓒ Ⓓ

できた…………○ 1回目 2回目 3回目
あいまい………△
できなかった…×

Q6

Mountain Lovers produces a wide range of products which ------- to climbers and trekkers across the spectrum.

(A) meet
(B) suit
(C) cater
(D) agree

Ⓐ Ⓑ Ⓒ Ⓓ

できた…………○ 1回目 2回目 3回目
あいまい………△
できなかった…×

単語の意味

Q6

□ across the spectrum　広範囲の；多様な

Q5 正解 (D) 品詞の識別 ―――― 難易度 ★☆☆

ステップ1

選択肢には expire のさまざまな形が並びます。空所は主語を構成し、------- dates of our medicines となっています。

ステップ2

名詞の dates を修飾するのに適当な形が必要なので、動詞は不適です。原形の (A) と三単現の (B) を外せます。

ステップ3

〈名詞 + 名詞〉の形の expiration date は、これで「使用期限；有効期限」を表すので、(D) が正解です。 expiry date とも言えます。形容詞の (C) では、expired（期限が切れた）が dates（日付）にかかり、「期限が切れた日付」となって意味的におかしくなります。

問題・選択肢

私たちの薬の使用期限は、ラベルに印刷されているか、薬の箱か瓶にスタンプで押されています。

(A) Expire 動詞（原形）
(B) Expires 動詞（三単現）
(C) Expired 形容詞
(D) Expiration 名詞

Q6 正解 (C) 動詞の選択 ―――― 難易度 ★★☆

ステップ1

空所の位置は a wide range of products which ------- to climbers and trekkers across the spectrum. で、空所は関係詞節の述語動詞です。

ステップ2

across the spectrum は「広範囲の；多様な」の意味で、この部分は「多様なクライマーやトレッカーを～さまざまな製品」となります。「多様なクライマーやトレッカーのニーズを満たす」となると推測できるので、この意味をもつ (A) meet、(B) suit、(C) cater が候補になります。

ステップ3

ところで、目的語の前に to があるので、空所に入るのは to と一緒に使う自動詞でないといけません。自動詞は (C) cater のみで、cater to で「～のニーズを満たす」となり、これが正解です。

問題・選択肢

マウンテン・ラバーズは、多様なクライマーやトレッカーのニーズを満たす、さまざまな製品を製造している。

(A) meet （～のニーズを）満たす
(B) suit （～のニーズを）満たす
(C) cater (to) （～のニーズを）満たす
(D) agree 合意する

Q7

The city's ------- improvements on the transport infrastructure will greatly benefit local residents as well as visiting people.

(A) many
(B) much
(C) those
(D) plenty

Ⓐ Ⓑ Ⓒ Ⓓ

できた……………○ あいまい………△ できなかった…×	1回目	2回目	3回目
	□	□	□

Q8

The Santiago Career Center is a useful ------- for job seekers looking for practical information or support.

(A) action
(B) substance
(C) resource
(D) claim

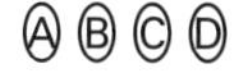

できた……………○ あいまい………△ できなかった…×	1回目	2回目	3回目
	□	□	□

単語の意味

Q7
□improvement 名 改良

Q8
□practical 形 実践的な；実際的な

Q7 正解 (A) 形容詞の選択 ―――――――――― 難易度 ★★☆

ステップ1

空所は主語の中にあり、The city's ------ improvements on the transport infrastructure となっています。improvements を修飾する適切な単語を選ぶ問題です。

ステップ2

improvements が可算名詞の複数形であることを考えると、不可算名詞を修飾する (B) much は不適です。また、(D) plenty は数・量のどちらの意味でも使いますが、名詞なのでこのままでは修飾語として使えません。

ステップ3

(A) many は可算名詞を修飾できるので、これが正解です。(C) those は「それらの」の意味の指示形容詞で、ここでは何を指すかが不明です。また、The city's という所有の形の後ろで使うこともできません。

問題・選択肢

市による交通インフラの多くの改良は、訪問客と同様に地元住民にも大きな利益をもたらすだろう。

(A) many 多くの　(B) much たくさんの
(C) those それらの　(D) plenty 多数；たくさん

Q8 正解 (C) 名詞の選択 ―――――――――― 難易度 ★★☆

ステップ1

空所は補語の中にあり、The Santiago Career Center is a useful ------ となっています。

ステップ2

be 動詞の is で結ばれているので、The Santiago Career Center = a useful ------ で、空所はキャリアセンターを言い換えた単語です。

ステップ3

(C) resource は「拠り所」の意味があり、キャリアセンターの言い換えとして適切で、また for 以下の「実践的な情報と支援を求めている求職者にとって」ともうまくつながります。他の名詞では前後どちらともつながりません。

問題・選択肢

サンチャゴ・キャリア・センターは、実践的な情報と支援を求めている求職者にとって役に立つ拠り所だ。

(A) action 行動　(B) substance 物質
(C) resource 拠り所　(D) claim 請求

Q9

Linden Insurance is one of the leading insurance firms, ------- headquarters in Berlin and branches in 32 countries.

(A) at
(B) from
(C) with
(D) between

Ⓐ Ⓑ Ⓒ Ⓓ

できた …………○ 1回目 2回目 3回目
あいまい ………△
できなかった …×

Q10

Employees were ------- pleased to hear the news that a special Christmas bonus would be offered because of the doubled profits.

(A) also
(B) fortunately
(C) moreover
(D) understandably

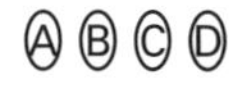

できた …………○ 1回目 2回目 3回目
あいまい ………△
できなかった …×

単語の意味

Q9

□ headquarters 名 本社

Q9　正解 (C)　前置詞の選択　難易度 ★★☆

ステップ1

空所は主文がカンマで切れた後の付属部分にあり、------- headquarters in Berlin and branches in 32 countries. となっています。

ステップ2

カンマまでは「リンデン保険は有数の保険会社の 1 つだ」なので、カンマの後は「ベルリンに本社を、32の国に支社をもつ」となると文意が通るので、空所には所有の前置詞が入ると考えられます。

ステップ3

選択肢で所有を表すのは (C) with です。(A) at は「地点；時点」、(B) from は「離反」を表し不適です。(D) between は and と一緒に使うことを想起させるひっかけの選択肢で、ここに入れても意味をなしません。

問題・選択肢

リンデン保険は、ベルリンに本社を、32の国に支社をもつ有数の保険会社の 1 つだ。

(A) at　～で　(B) from　～から
(C) with　～をもって　(D) between　～の間に

Q10　正解 (D)　副詞の選択　難易度 ★★☆

ステップ1

空所の位置は Employees were ------- pleased で、適切な副詞を選ぶ問題です。

ステップ2

「社員がどんなふうに喜んだか」を考えますが、to 以下の「利益が倍増したためクリスマスの特別ボーナスが支給されるという知らせを聞いて」がヒントになります。

ステップ3

主文と不定詞句の論理関係を考えて (D) understandably を入れると、「特別ボーナスが出ると知って、当然ながら喜んだ」と文意が通るので、これが正解です。(A) also（～もまた）だと「社員も喜んだ」となって意味をなしません。(B) fortunately（幸運にも）は「特別ボーナスが出ると知って、幸運にも喜んだ」と副詞が浮きます。(C) moreover（さらに）は前文を受ける接続副詞なので、ここで使う根拠がありません。

問題・選択肢

社員は、利益が倍増したためクリスマスの特別ボーナスが支給されるという知らせを聞いて、当然ながら喜んだ。

(A) also　～もまた　(B) fortunately　幸運にも
(C) moreover　さらに　(D) understandably　当然ながら

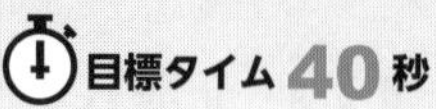

Q11

This message is confidential and may not be shown to anyone except the person to ------- it was originally sent.

(A) where
(B) when
(C) what
(D) whom

Ⓐ Ⓑ Ⓒ Ⓓ

できた…………○ あいまい………△ できなかった…×

1回目	2回目	3回目
□	□	□

Q12

The company now recruits employees when open positions arise instead of hiring college graduates -------.

(A) separately
(B) tentatively
(C) accordingly
(D) periodically

Ⓐ Ⓑ Ⓒ Ⓓ

できた…………○ あいまい………△ できなかった…×

1回目	2回目	3回目
□	□	□

単語の意味

Q11
□ confidential 形 内密の

Q12
□ arise 自 生じる
□ graduate 名 卒業生

Q11 正解 (D) 関係代名詞 (whom) 難易度 ★☆☆

ステップ1

選択肢には関係副詞と関係代名詞が混在しています。空所の位置は except the person to ------- it was originally sent. です。

ステップ2

it was originally sent は受け身の形で、sent の宛先は to ------- で、これが前に出たものと考えられます。

ステップ3

先行詞は the person と人なので、人で目的格の関係代名詞 (D) whom が正解です。 関係副詞は後続の文に欠けた要素がないことが条件ですが、ここでは to 以下の要素が欠けているので使えません。よって、(A) where や (B) when は誤りです。(C) what は先行詞（モノ）を兼ねる関係代名詞ですが、この文には先行詞の the person があり、かつこれは人なので、二重に不可です。

問題・選択肢

このメッセージは内密のもので、最初に送付された人を除いてだれにも示してはならない。

(A) where 関係副詞（場所） (B) when 関係副詞（時）
(C) what 関係代名詞（先行詞を兼ねる） (D) whom 関係代名詞（目的格）

Q12 正解 (D) 副詞の選択 難易度 ★★☆

ステップ1

空所は前置詞句の最後にあり、instead of hiring college graduates -------. となっています。

ステップ2

文の前半は「その会社は今では空きポストが生じたときに社員の採用を行う」です。このことと、instead of 以下の「～大学卒業生を採用する代わりに」は相反する内容でないといけません。

ステップ3

(D) periodically（定期的に）を入れれば「定期的に採用する」となり、これを instead of で打ち消すと前半の内容につながります。 (A) separately（別々に）や (B) tentatively（臨時に）では前後半がうまくつながりません。(C) accordingly（それに従って）では、何に従ってかがわからない文になります。

問題・選択肢

その会社は今では、大学卒業生を定期的に採用する代わりに、空きポストが生じたときに社員の採用を行う。

(A) separately 別々に (B) tentatively 臨時に
(C) accordingly それに従って (D) periodically 定期的に

Q13

Aberdeen Department Store, based in Scotland, has posted profits for five years in a -------.

(A) line
(B) straight
(C) row
(D) way

Ⓐ Ⓑ Ⓒ Ⓓ

できた …………○
あいまい ………△
できなかった …×

1回目 □ 2回目 □ 3回目 □

Q14

Herald Consultancy has helped ------- an advanced web-based platform for small- to mid-sized retailers in various fields.

(A) built
(B) to build
(C) building
(D) it build

Ⓐ Ⓑ Ⓒ Ⓓ

できた …………○
あいまい ………△
できなかった …×

1回目 □ 2回目 □ 3回目 □

単語の意味

Q13
□post 他 公表する；計上する

Q14
□advanced 形 先進的な
□retailer 名 小売業者

Q13 正解 (C) イディオムの完成 ──── 難易度 ★★☆

ステップ1

空所の位置は in a ------- となっています。ここからだけではどの選択肢でも入りそうなので、文意を考えます。

ステップ2

文意は「スコットランドに拠点を置くアバディーン・デパートは、5年間〜利益をあげた」で、for five years in a ------- で考えるとよさそうです。

ステップ3

(C) row には「連続」の意味があり、for five years in a row で「5年間連続して」となり、文意が通ります。 (A) line は in a line では「列で」の意味にしかなりません。(B) straight は in a straight では「直線コースで」になります。(D) way は in a way で「ある意味では」というイディオムです。

問題・選択肢

スコットランドに拠点を置くアバディーン・デパートは、5年間連続して利益をあげた。

(A) line 列；線
(B) straight 直線コース
(C) row 連続
(D) way 意味

Q14 正解 (B) 動詞の形 ──── 難易度 ★★☆

ステップ1

空所の位置は Herald Consultancy has helped ------- an advanced web-based platform で、helped に続く動詞の形を選ぶ問題です。

ステップ2

help と動詞が組み合わさるパターンは、目的語のあるなしで、〈help O do〉〈help O to do〉〈help do〉〈help to do〉があります。 どれも「〜するのを支援する」の意味です。動名詞を続けることはできないので、(C) は不可。また、(A) は過去分詞なのでこれも不可です。

ステップ3

4つのパターンの一つである (B) to build を選べば「先進的なウェブベースのプラットフォームを構築するのを支援してきた」と意味も通るので、これが正解です。 (D) it build は〈help O do〉のパターンですが、ここでは it が何を指すか不明で、適切な文になりません。

問題・選択肢

ヘラルド・コンサルタンシーは、さまざまな分野の小・中規模小売業者のために先進的なウェブベースのプラットフォームを構築するのを支援してきた。

(A) built 過去分詞
(B) to build 不定詞
(C) building 動名詞
(D) it build it + 原形

Q15

There is a danger that we haven't acknowledged our marketing methods have been already rendered ------- by technological advances.

(A) refined
(B) practical
(C) obsolete
(D) different

Ⓐ Ⓑ Ⓒ Ⓓ

できた…………○ あいまい………△ できなかった…×

1回目 □ 2回目 □ 3回目 □

Q16

Through a town hall meeting, the mayor obtained an ------- of the environmental concerns that the fishers claimed regarding the port expansion.

(A) initiative
(B) overview
(C) excerpt
(D) authorization

Ⓐ Ⓑ Ⓒ Ⓓ

できた…………○ あいまい………△ できなかった…×

1回目 □ 2回目 □ 3回目 □

単語の意味

Q15
□acknowledge 他 認識する
□render 他 ～にする
□advance 名 進歩

Q16
□obtain 他 得る
□claim 他 申し立てる

Q15 正解 (C) 形容詞の選択 ——— 難易度 ★★☆

ステップ1

空所は that 節の中にあり、we haven't acknowledged our marketing methods have been already rendered ------- by technological advances. となっています。

ステップ2

There is a danger で始まることから「我々が～認識していないのが危険である」ということなので、our marketing methods（我々のマーケティング手法）はネガティブな状態になっていると考えられます。

ステップ3

選択肢でネガティブな意味の形容詞は (C) obsolete（時代遅れの）で、これなら後の「技術の進歩によって」とも呼応します。(A) refined や (B) practical はポジティブな意味で、ここには当てはまりません。(D) different はニュートラルな意味ですが、状況を的確に表現できません。

問題・選択肢

技術の進歩により我々のマーケティング手法がすでに時代遅れになっていることを我々が認識していない危険がある。

(A) refined　洗練された　(B) practical　実用的な
(C) obsolete　時代遅れの　(D) different　異なった

Q16 正解 (B) 名詞の選択 ——— 難易度 ★★☆

ステップ1

空所は obtained an ------- of the environmental concerns にあり、適切な名詞を選ぶ問題です。

ステップ2

「環境の懸念」の何を得た（理解した）かを考えますが、環境の懸念には「漁業者が港の拡張について申し立てた」が続いています。

ステップ3

(B) overview には「概要」の意味があり、これを入れると「環境の懸念の概要を理解した」となって文意が通ります。(A) initiative は「構想」の意味で、concerns とうまくつながりません。(C) excerpt は「抜粋」、(D) authorization は「許可；権限」の意味で、この文脈に合いません。

問題・選択肢

タウンホール会議で市長は、漁業者が港の拡張について申し立てた環境の懸念の概要を理解した。

(A) initiative　構想　(B) overview　概要
(C) excerpt　抜粋　(D) authorization　許可；権限

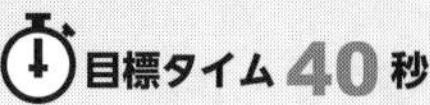

Q17

There will be some ------- to traffic from May 5th to 8th when the 7th KL Annual Trade Show will take place at the City Convention Center.

(A) vehicles
(B) congestion
(C) disruption
(D) concerns

Ⓐ Ⓑ Ⓒ Ⓓ

できた ………… ○　1回目　2回目　3回目
あいまい ……… △
できなかった … ×

Q18

The president of Beamish Textiles will discuss the upcoming inspection in a conference call ------- the board tomorrow.

(A) among
(B) on
(C) with
(D) regarding

Ⓐ Ⓑ Ⓒ Ⓓ

できた ………… ○　1回目　2回目　3回目
あいまい ……… △
できなかった … ×

単語の意味

Q18

□ inspection　名 視察
□ conference call　電話会議

Q17 正解 (C) 名詞の選択 —— 難易度 ★★☆

ステップ1

空所は There is 構文の主語に当たる部分にあり、There will be some ------- to traffic となっています。「交通に何が起こるのか」を考えます。

ステップ2

続く from 以下は「第7回KL年次展示会が市立コンベンションセンターで開催される5月5日から8日まで」なので、「交通」に何らかの悪影響が出ることが想定できます。

ステップ3

(C) disruption は「混乱」の意味で、disruption to traffic で「交通の混乱」となり適切な表現をつくれます。これが正解。(B) congestion は「渋滞」の意味ですが、traffic congestion で使うので誤りです。(A) vehicles (車両) では traffic と重複します。(D) concerns (懸念) は対象を about などで導き、またこの文脈では展示会開催中に懸念が起きるというおかしな文になってしまいます。

問題・選択肢

第7回KL年次展示会が市立コンベンションセンターで開催される5月5日から8日まで、いくらか交通に混乱が発生するだろう。

(A) vehicles 車両　　(B) congestion 渋滞
(C) disruption 混乱　　(D) concerns 懸念

Q18 正解 (C) 前置詞の選択 —— 難易度 ★★☆

ステップ1

前置詞を選ぶ問題で、空所の位置は in a conference call ------- the board tomorrow. となっています。

ステップ2

空所までの意味は「ビーミッシュ・テキスタイルズの社長は電話会議で今度の視察について話し合う」です。

ステップ3

the board が「取締役会」の意味だとわかれば、空所には話し合いの相手を導く前置詞が入ることがわかります。よって、(C) with (〜と [一緒に]) が正解です。the board の意味を取り違えると、他の前置詞を選んでしまう可能性があります。

問題・選択肢

ビーミッシュ・テキスタイルズの社長は明日、取締役会のメンバーと電話会議で今度の視察について話し合う。

(A) among 〜の間に　　(B) on 〜で
(C) with 〜と (一緒に)　　(D) regarding 〜について

Q19

Studies have shown that workers' productivity increases ------- if they take frequent short breaks and get some exercise during the day.

(A) significantly
(B) comfortably
(C) properly
(D) accurately

Ⓐ Ⓑ Ⓒ Ⓓ

できた…………○ あいまい………△ できなかった…×

1回目 □ 2回目 □ 3回目 □

Q20

Employees should pay good attention to ------- of the complaints from customers which could have hints to improve our services.

(A) each
(B) every
(C) most
(D) those

Ⓐ Ⓑ Ⓒ Ⓓ

できた…………○ あいまい………△ できなかった…×

1回目 □ 2回目 □ 3回目 □

単語の意味

Q19
□productivity 名 生産性
□break 名 休憩

Q20
□pay attention to ～に注意を払う

Q19 正解 (A) 副詞の選択 —————— 難易度 ★★☆

ステップ1

空所は that 節の中にあり、workers' productivity increases ------- となっています。「労働者の生産性がどんなふうに上昇するか」を考えます。

ステップ2

if 以下は「彼ら（労働者）が頻繁に短い休息を取り、日中にいくらかの運動をすれば」の意味です。

ステップ3

(A) significantly を選んで「生産性は大きく上昇する」とすれば、if 以下ともうまくつながります。これが正解です。他の選択肢は生産性の上昇の様態を表現するのに不適です。

問題・選択肢

調査が示すところでは、労働者の生産性は、彼らが頻繁に短い休息を取り、日中にいくらかの運動をすれば、大きく上昇する。

(A) significantly 大きく
(B) comfortably 快適に
(C) properly 適切に
(D) accurately 正確に

Q20 正解 (A) 不定代名詞（each） —————— 難易度 ★★☆

ステップ1

選択肢にはさまざまな代名詞、形容詞、名詞が並びます。空所の位置は Employees should pay good attention to ------- of the complaints from customers です。

ステップ2

空所は2つの前置詞に挟まれているので入るのは名詞です。(B) every は形容詞としてしか使わないので、まずこれを外せます。次に文意を考えると、「社員は、顧客からのクレームの～にしっかり注意を払うべき」です。

ステップ3

(A) each を入れると「顧客からのクレームのそれぞれに」となり、文意が通ります。(C) most だと「顧客からのクレームのほとんどに」となって、注意を払わないクレームが出てしまいます。(D) those は指示代名詞なので、何か指すものが必要ですが、この文にはそれが見当たりません。

問題・選択肢

社員は、当社のサービス向上のヒントがあるかもしれない顧客からのクレームのそれぞれにしっかり注意を払うべきである。

(A) each 代名詞（それぞれ）
(B) every 形容詞（すべての）
(C) most 名詞（ほとんど）
(D) those 代名詞（それら）

Q21

Clavin Technologies is conducting a user survey to gain a better ------- of how customers view its products.

(A) management
(B) understanding
(C) identity
(D) capability

Ⓐ Ⓑ Ⓒ Ⓓ

できた…………○ あいまい………△ できなかった…× 1回目 2回目 3回目

Q22

Amazing Cards is famous for its fully ------- gift cards to impress your friends, family, and loved ones.

(A) custom
(B) customer
(C) customizing
(D) customizable

Ⓐ Ⓑ Ⓒ Ⓓ

できた…………○ あいまい………△ できなかった…× 1回目 2回目 3回目

単語の意味

Q21
□ survey 名 調査

Q22
□ impress 他 感動させる；印象づける

Q21 正解 (B) 名詞の選択 —— 難易度 ★★☆

ステップ1

空所は不定詞の中にあり、to gain a better ------- of how customers view its products. となっています。

ステップ2

文意はこの不定詞の部分が「顧客が同社の製品をどのように見ているかについてよりよい～を得るために」で、前半部分は「クレイヴィン・テクノロジーズはユーザー調査を行っている」です。

ステップ3

ユーザー調査によって得られるものは「よりよい理解」が妥当なので、(B) understanding が正解です。(A) management は「管理」、(C) identity は「身元」、(D) capability は「能力；性能」の意味でいずれもこの空所には合いません。

問題・選択肢

クレイヴィン・テクノロジーズは、顧客が同社の製品をどのように見ているかについてよりよく理解するためにユーザー調査を行っている。

(A) management 管理 (B) understanding 理解
(C) identity 身元 (D) capability 能力；性能

Q22 正解 (D) 品詞の識別 —— 難易度 ★★☆

ステップ1

空所は前置詞 for に続く要素の中にあり、for its fully ------- gift cards となっています。名詞の gift cards を修飾できる形が必要です。

ステップ2

もう一つのポイントは空所の前の副詞の fully で、空所は fully によって修飾される必要があるので、名詞がくることはありません。よって、(A) custom と (B) customer を外せます。

ステップ3

意味を考えると、to 以下は「あなたの友人や家族、恋人を感動させるための」なので、「完全にカスタマイズできるギフトカード」になると考えて (D) customizable を選びます。(C) customizing では「完全にカスタマイズしているギフトカード」になり、意味が通りません。

問題・選択肢

アメイジング・カーズは、あなたの友人や家族、恋人を感動させる完全にカスタマイズできるギフトカードで有名である。

(A) custom 名詞 (B) customer 名詞
(C) customizing 現在分詞 (D) customizable 形容詞

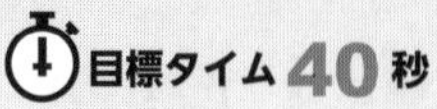

Q23

The cost of the renovation work to ------- has already reached the expected amount of the budget.

(A) day
(B) date
(C) dating
(D) dateline

Ⓐ Ⓑ Ⓒ Ⓓ

できた ……… ○ 1回目 2回目 3回目
あいまい ……… △
できなかった … ×

Q24

Reviewers of *Wine & Dine Magazine* always make ------- visits to restaurants and cafés to evaluate them fairly.

(A) surprise
(B) surprises
(C) surprised
(D) to surprise

Ⓐ Ⓑ Ⓒ Ⓓ

できた ……… ○ 1回目 2回目 3回目
あいまい ……… △
できなかった … ×

単語の意味

Q24

□ reviewer 名 批評家；レビュアー
□ evaluate 他 評価する

Q23 正解 (B) 名詞の選択 ―――― 難易度 ★★☆

ステップ1

選択肢には day の系列のさまざまな名詞が並びます。空所の位置は The cost of the renovation work to ------- has already reached the expected amount of the budget. です。

ステップ2

to ------- の部分を除いても文は成立しているので、この部分は付加的な要素と考えられます。そこで、to と一緒に使って修飾表現（イディオム）をつくることを考えます。

ステップ3

to date で「今までで」という意味を表すイディオムになり、この表現にすると文意が通ります。(B) date が正解です。

問題・選択肢

改修作業の経費は今までで、すでに予算の予定の金額に達している。

(A) day 日　(B) (to) date 今までで

(C) dating デート　(D) dateline 日付欄

Q24 正解 (A) 品詞の識別 ―――― 難易度 ★★☆

ステップ1

空所の位置は make ------- visits to restaurants and cafés で、surprise のさまざま形から適切なものを選ぶ問題です。

ステップ2

まず文構造から見ると、不定詞の (D) to surprise は make とも visits ともつながらないので、不可です。過去分詞の (C) surprised は文法的には可能ですが、意味は「驚いた」なので人を修飾します。モノである visits には合わずこれも不可。

ステップ3

残るパターンは〈名詞 + 名詞〉ですが、この場合、修飾する側の名詞は単数が原則です（慣用的に複数で使うものは複数にする。savings account、awards ceremony など）。よって、(A) surprise を選んで「驚きの訪問→予告なしの訪問」とします。

問題・選択肢

『ワイン＆ダイン・マガジン』の批評家はいつも、公正に評価するためにレストランやカフェを予告なしで訪問する。

(A) surprise 名詞（単数）　(B) surprises 名詞（複数）

(C) surprised 過去分詞　(D) to surprise 不定詞

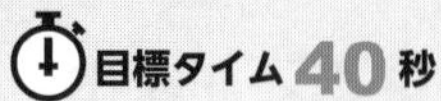

Q25

The press conference for the launch of our new service will be held ------- the Annual Tech Show, from March 3rd to 6th.

(A) with
(B) amid
(C) through
(D) between

Ⓐ Ⓑ Ⓒ Ⓓ

できた ⋯⋯⋯○　1回目　2回目　3回目
あいまい ⋯⋯△
できなかった ⋯×

Q26

The newly developed industrial park has been flourishing, ------- from its convenient access to the port and decent demands from abroad.

(A) benefit
(B) benefiting
(C) to benefit
(D) beneficial

Ⓐ Ⓑ Ⓒ Ⓓ

できた ⋯⋯⋯○　1回目　2回目　3回目
あいまい ⋯⋯△
できなかった ⋯×

単語の意味

Q25
□launch 名 開始；発売

Q26
□flourish 自 発展する；繁栄する
□decent 形 十分な

Q25 正解 (B) 前置詞の選択 難易度 ★★☆

ステップ1

空所の位置は ------- the Annual Tech Show, from March 3rd to 6th. です。

ステップ2

空所までは「当社の新サービス開始の記者会見は行われる」で、前置詞は the Annual Tech Show が行われている「期間」を表すものが入るはずです。(A) with は期間を表せないのでまず外せます。

ステップ3

(B) amid は「～の間に；～のさなかに」の意味で幅のある期間を導くので、これが正解です。 (C) through も期間を表しますが、「～の間ずっと」の意味で継続する動作・動きと呼応します。ここでは、記者会見は1回限りの出来事なので、through とは合いません。(D) between（～の間に）も期間を表せますが、2つの要素（日時）が続かないといけません。

問題・選択肢

当社の新サービス開始の記者会見は、3月3日から6日までの年次技術ショーの期間中に行われる。

(A) with ～を伴って　(B) amid ～の間に；～のさなかに
(C) through ～の間ずっと　(D) between ～の間に

Q26 正解 (B) 品詞の識別 難易度 ★★☆

ステップ1

空所の位置は ------- from its convenient access to the port and decent demands from abroad. と、文がカンマでいったん切れた後続部分にあります。

ステップ2

カンマまでで文は成立しているので、空所には前後をつなぐ機能をもつ語を入れる必要があります。この観点から、(A) benefit は動詞原形か名詞なので、(D) beneficial は形容詞なので、どちらも不適です。

ステップ3

動詞 benefit は自動詞で from と結びついて「～から恩恵を得る」の意味になるので、現在分詞で使えば「～から恩恵を得ながら」となり、前半につなぐことができます。よって、(B) が正解です。 不定詞の (C) to benefit では、「利益を得るために発展してきた」と因果関係が逆になってしまいます。

問題・選択肢

新しく開発された工業団地は、港への便利なアクセスと海外からの十分な需要といった恩恵にあずかって、発展してきた。

(A) benefit 動詞（原形）・名詞　(B) benefiting 現在分詞
(C) to benefit 不定詞　(D) beneficial 形容詞

Q27

Asakura Souvenir Shop's sales have gradually increased ------- more foreign tourists come to town.

(A) as
(B) once
(C) during
(D) whenever

Ⓐ Ⓑ Ⓒ Ⓓ

できた …………○ あいまい ………△ できなかった …×	1回目	2回目	3回目
	☐	☐	☐

Q28

Some members of the hiring committee oppose ------- Michael Robertson as the new CEO of Stillwater Resorts Inc.

(A) to appoint
(B) appointing
(C) appointed
(D) being appointed

Ⓐ Ⓑ Ⓒ Ⓓ

できた …………○ あいまい ………△ できなかった …×	1回目	2回目	3回目
	☐	☐	☐

単語の意味

Q28

☐ hiring committee　採用委員会

Q27 正解 (A) 接続詞 (as) 難易度 ★★☆

ステップ1

選択肢には接続詞と前置詞が混在しています。空所の位置は ------- more foreign tourists come to town. です。

ステップ2

空所の後ろは文になっているので、前置詞は使えません。まず、(C) during を外せます。意味を考えると、前半の主節は「アサクラ土産物店の売り上げは徐々に増えている」、空所の後の従属節は「外国人旅行者がさらに多く町に来る」。

ステップ3

(A) as には「～につれて」という「同時性」を表す用法があるので、これが正解です。(B) once（ひとたび～すると）や (D) whenever（～のときはいつでも）では、主節の「徐々に増えている」と合わなくなります。

問題・選択肢

アサクラ土産物店の売り上げは、外国人旅行者がさらに多く町に来るにつれて徐々に増えている。

(A) as 接続詞（～につれて） (B) once 接続詞（ひとたび～すると）
(C) during 前置詞（～の間） (D) whenever 接続詞（～のときはいつでも）

Q28 正解 (B) 動詞の形 難易度 ★★☆

ステップ1

選択肢には動詞 appoint のさまざまな形が並びます。空所の位置は oppose ------- なので、oppose の用法が焦点となります。

ステップ2

動詞の oppose は後ろに名詞・動名詞しか従えることができません。よって、不定詞の (A) to appoint は誤りです。

ステップ3

動名詞は (B) appointing と (D) being appointed ですが、意味としては「マイケル・ロバートソンをスティルウォーター・リゾーツ社の新しいCEOに任命することに反対している」となるはずなので、能動態の (B) が正解になります。なお、過去分詞の (C) appointed だと、「任命されたマイケル・ロバートソンに反対している」と文意がおかしくなります。

問題・選択肢

採用委員会の何人かのメンバーは、マイケル・ロバートソンをスティルウォーター・リゾーツ社の新しいCEOに任命することに反対している。

(A) to appoint 不定詞 (B) appointing 現在分詞
(C) appointed 過去分詞 (D) being appointed 現在分詞（受動態）

Q29

President Teresa Walker received a warm ------- of applause after her closing remarks at the customer appreciation party.

(A) crowd
(B) round
(C) host
(D) stack

Ⓐ Ⓑ Ⓒ Ⓓ

できた ………… ○ あいまい ……… △ できなかった … ×

1回目 □ 2回目 □ 3回目 □

Q30

Elena Jacobson ------- her factory tour in at 2 p.m. between a luncheon with a client and job interviews.

(A) planned
(B) modified
(C) guided
(D) squeezed

Ⓐ Ⓑ Ⓒ Ⓓ

できた ………… ○ あいまい ……… △ できなかった … ×

1回目 □ 2回目 □ 3回目 □

単語の意味

Q29
□ applause 名 拍手
□ closing remarks 閉会の辞

Q30
□ luncheon 名 昼食会

Q29 正解 (B) 名詞の選択 —— 難易度 ★★☆

ステップ1

空所の位置は a warm ------- of applause で、空所に入る名詞を選ぶ問題です。

ステップ2

warm を除くと〈a ～ of applause〉の形で、applause を表現するのに適切な名詞を探します。

ステップ3

(B) round は「(拍手や歓声などの) 一斉；万雷」という意味があり、これを入れると「温かい万雷の拍手」となり、これが正解です。 (A) では a crowd of (多数の～) となり、人の集まりが続きます。(C) では a host of (多数の～) で、人・動物・物が続きます。(D) では a stack of (大量の～) で紙類が続きます。

問題・選択肢

テレサ・ウォーカー社長は、お客様感謝パーティーで閉会の辞を述べた後、温かい万雷の拍手を受けた。

(A) crowd　群衆　(B) round　一斉；万雷
(C) host　多数　(D) stack　大量

Q30 正解 (D) 動詞の選択 —— 難易度 ★★★

ステップ1

空所の位置は Elena Jacobson ------- her factory tour in at 2 p.m. で、適切な述語動詞を選ぶ問題です。

ステップ2

全体の文意は「エレナ・ジェイコブソンは、顧客との昼食会と仕事の面接の間の午後 2 時に工場見学を～」です。注意しないと (A) planned を選んでしまいそうですが、planned を入れると副詞の in が行き場を失います。つまり、〈動詞 ～ in〉の形で使う動詞が必要なわけです。

ステップ3

(D) の squeeze には「詰め込む；押し込む」の意味があり、in と呼応して〈squeeze ～ in〉としてスケジュールを詰め込む場面で使えます。これが正解。 (B) modified では工場見学自体を変更する意味になり、不適。(C) guided では自分の見学を自分で案内するというおかしな文になります。また、(B) でも (C) でも in が浮くことに変わりはありません。

問題・選択肢

エレナ・ジェイコブソンは、顧客との昼食会と仕事の面接の間の午後 2 時に工場見学を詰め込んだ。

(A) planned　計画した　(B) modified　変更した
(C) guided　案内した　(D) squeezed　詰め込んだ

800点レベル

DAY 2

実戦練習 No.2

30問

（解答時間）

目標タイム 10 分

✓ Part 5 に出る全種の問題をランダムに出題しています。本番の Part 5 を解くつもりで、時間も意識しながら解答してみましょう。

✓ 問題を解いたら、解説を読んでしっかり理解しておきましょう。また、日をおいて、2 回、3 回とトライしてみましょう。

✓ 成果を記入してみましょう。3 回分、記入できるようになっています。

	1st TRY	2nd TRY	3rd TRY
Score	／30問	／30問	／30問
Time	分　秒	分　秒	分　秒

Q1

One of the requirements for the position of securities manager is familiarity ------- trading room management.

(A) to
(B) for
(C) with
(D) in

Ⓐ Ⓑ Ⓒ Ⓓ

できた…………○ あいまい………△ できなかった…×
1回目 2回目 3回目

Q2

Please find ------- the file that you requested regarding the progress of the ongoing clinical trial at the last meeting.

(A) to attach
(B) attaching
(C) attached
(D) attached to

Ⓐ Ⓑ Ⓒ Ⓓ

できた…………○ あいまい………△ できなかった…×
1回目 2回目 3回目

単語の意味

Q1
□ requirement 名 要件

Q2
□ ongoing 形 進行中の
□ clinical trial 治験

Q1 正解 (C) 前置詞の選択 ―――――――――― 難易度 ★★☆

ステップ1

空所の位置は familiarity ------- trading room management. で、familiarity とそれに続く要素を結ぶのに適切な前置詞を選ぶ問題です。

ステップ2

名詞の familiarity も形容詞の familiar と同じで、「人が親しんでいるモノ」を導くときは with を、「モノが親しまれている人」を導くときには to を使います。

ステップ3

この文の familiarity は明示されていませんが、文脈から「証券部長職に就く人の familiarity」です。trading room management は「人が親しんでいるモノ」なので、(C) with が正解です。

問題・選択肢

証券部長職の要件の1つは、トレーディングルームの運営を熟知していることだ。

(A) to ～に　　(B) for ～のために
(C) with ～を；～に　　(D) in ～に

Q2 正解 (C) 動詞の形 ―――――――――― 難易度 ★☆☆

ステップ1

選択肢にはさまざまな動詞の形が並びます。空所は Please find ------- the file ～と、動詞と名詞に挟まれた位置です。なお、that 以下は関係詞節で file にかかっています。

ステップ2

注目すべきは動詞 find の用法です。find は〈find O C〉(O が C であることを見つける) という第5文型をとることができます。

ステップ3

この文では O (目的語) が長くて C (補語) が前に出ていると考えられ、the file 以下が O、空所が C ということになります。「ファイルが添付されているのを見つける」と考えられるので、過去分詞の (C) attached が正解です。メールでよく使われる文の形なので、知っていれば即座に解けるでしょう。

問題・選択肢

この間の打ち合わせで進行中の治験の状況についてあなたから要望のあったファイルを添付してありますので、ごらんください。

(A) to attach 不定詞　　(B) attaching 現在分詞
(C) attached 過去分詞　　(D) attached to 過去分詞 + to

Q3

Sweet Tooth Confectionery is a family-run business where ------- take great pride in creating delicious, natural products by hand in our own kitchen.

(A) they
(B) we
(C) these
(D) theirs

Ⓐ Ⓑ Ⓒ Ⓓ

できた …………○ あいまい ………△ できなかった …× 1回目 2回目 3回目

Q4

Please contact Wonderful Flowers with any questions and requests you may have ------- our products and services.

(A) regard
(B) regarded
(C) regarding
(D) regardless of

Ⓐ Ⓑ Ⓒ Ⓓ

できた …………○ あいまい ………△ できなかった …× 1回目 2回目 3回目

単語の意味

Q3
□ confectionery 名 菓子製造；製菓

Q3 正解 (B) 代名詞（一人称複数・主格）———— 難易度 ★☆☆

ステップ1

選択肢には人称代名詞と指示代名詞が並びます。空所は where で始まる関係詞節にあり、where ------- take great pride in creating delicious, natural products by hand in our own kitchen. と主語の位置です。

ステップ2

注目すべきは、この文の終わりのほうで、in our own kitchen と our が使われていることです。

ステップ3

空所に入る主語は、our に呼応するものでないといけません。よって (B) we が正解です。

問題・選択肢

スウィートトゥース製菓は、私たちが自社のキッチンにおいて手作業でおいしくてナチュラルな製品をつくることに誇りを覚える家族経営の会社です。

(A) they 三人称複数（主格）
(B) we 一人称複数（主格）
(C) these 指示代名詞
(D) theirs 三人称複数（所有代名詞）

Q4 正解 (C) 品詞の識別 ———————— 難易度 ★★☆

ステップ1

空所は with 以下にあり、with any questions and requests you may have ------- our products and services. となっています。

ステップ2

ポイントは our products and services の扱いで、have の目的語が前に出ている先行詞の any questions and requests だと気づけば、our products and services は修飾語の要素となり、空所には前置詞がくることがわかります。(C) か (D) に絞れます。

ステップ3

(C) regarding（～について）を入れると、「当社の製品やサービスについてお客さまがおもちのどんなご質問やご要望」と正しい文になります。 (D) regardless of は「～にかかわらず」の意味で、適切な文意をつくれません。

問題・選択肢

当社の製品やサービスについてお客さまがおもちのどんなご質問やご要望でも、ワンダフル・フラワーズにお問い合わせください。

(A) regard 名詞・動詞（原形）
(B) regarded 過去分詞
(C) regarding 前置詞
(D) regardless of 前置詞

Q5

MXC had great difficulty ------- a replacement for CEO Mitchell Peacock who has grown the company to become a leading car manufacturer.

(A) to find
(B) finding
(C) found
(D) for finding

Ⓐ Ⓑ Ⓒ Ⓓ

できた …………○ あいまい ………△ できなかった …×

1回目	2回目	3回目
□	□	□

Q6

According to a new survey which ranks the ------- environment of different cities based on various factors, Wellington is the world's most livable place.

(A) flexible
(B) technical
(C) pivotal
(D) residential

Ⓐ Ⓑ Ⓒ Ⓓ

できた …………○ あいまい ………△ できなかった …×

1回目	2回目	3回目
□	□	□

単語の意味

Q5
□ replacement 名 後任

Q6
□ rank 他 評価する
□ livable 形 住みやすい

Q5 正解 (B) 動詞の形 ―――――― 難易度 ★★☆

ステップ1

空所は MXC had great difficulty ------- a replacement にあり、difficulty に続く動詞の形を選ぶ問題です。

ステップ2

have difficulty で「苦労する；困難を伴う」の意味で、苦労する対象を導くには前置詞は in、with、about などを使いますが、動詞を続ける場合は〈in + doing〉の形です。

ステップ3

この〈in doing〉の in は外すことも可能なので、(B) finding が正解となります。

問題・選択肢

MXCは、会社をトップクラスの自動車メーカーに成長させたミッチェル・ピーコックCEOの後任を見つけるのに苦労した。

(A) to find　不定詞
(B) finding　動名詞
(C) found　過去分詞
(D) for finding　for + 動名詞

Q6 正解 (D) 形容詞の選択 ―――――― 難易度 ★★☆

ステップ1

空所はカンマまでの要素にあり、According to a new survey which ranks the ------- environment of different cities based on various factors, となっています。

ステップ2

「異なった市のどんな環境を評価する調査なのか」を考えます。カンマの後は「ウェリントンが世界で一番住みやすい場所だ」となっています。

ステップ3

「住みやすい場所」の調査ということは、評価されるのは「居住環境」なので、(D) residential（居住の）が正解になります。(B) technical（技術の）は文意に合わず、(A) flexible（柔軟性のある）や (C) pivotal（重要な）では「環境」に具体性を与えられません。

問題・選択肢

さまざまな要因に基づいて異なる市の居住環境を評価する新しい調査によると、ウェリントンが世界で一番住みやすい場所だ。

(A) flexible　柔軟性のある
(B) technical　技術の
(C) pivotal　重要な
(D) residential　居住の

Q7

You never get a second chance to make a first impression, so always keep your office clean and -------.

(A) organize
(B) organizing
(C) organized
(D) organization

Ⓐ Ⓑ Ⓒ Ⓓ

できた …………○
あいまい ………△
できなかった …×

1回目 2回目 3回目

Q8

The ticket is fully ------- up to thirty minutes before the departure time of the train.

(A) refund
(B) refunding
(C) refunded
(D) refundable

Ⓐ Ⓑ Ⓒ Ⓓ

できた …………○
あいまい ………△
できなかった …×

1回目 2回目 3回目

Q7 正解 (C) 品詞の識別 ——— 難易度 ★★☆

ステップ1

空所は後半の文にあり、so always keep your office clean and -------. となっています。

ステップ2

〈clean and -------〉が keep の補語と考えると、空所には clean と似通った意味の形容詞（分詞）が入ると考えられます。動詞原形の (A) organize と名詞の (D) organization はこの条件に合わず、まず外せます。

ステップ3

現在分詞の (B) organizing か過去分詞の (C) organized かですが、動詞 organize は「整理する」で、**過去分詞の organized は「整理された；整った」の意味で使うので、(C) が正解です。**

問題・選択肢

あなたが第一印象をつくる機会は二度とないので、いつもオフィスをきれいに整った状態にしておいてください。

(A) organize　動詞（原形）　(B) organizing　現在分詞
(C) organized　過去分詞　(D) organization　名詞

Q8 正解 (D) 品詞の識別 ——— 難易度 ★★☆

ステップ1

空所の位置は The ticket is fully ------ up to thirty minutes です。空所は fully を挟んでいますが is に続くので、入るのは名詞、形容詞（分詞）です。

ステップ2

文意を考えると「列車の出発時刻の30分前まで、切符は全額を～」となります。

ステップ3

(D) refundable を入れると、「全額を払い戻すことができる」となり、文意が通ります。これが正解。 (A) は動詞原形としては不可で、名詞としても「切符は払い戻し（金）である」となって不適です。(B) refunding では「切符が自ら払い戻す」の意味になり不可。(C) refunded では「切符が払い戻される」常態を表すことになってしまい、これも不適です。

問題・選択肢

列車の出発時刻の30分前まで、切符は全額を払い戻すことができる。

(A) refund　動詞（原形）・名詞　(B) refunding　現在分詞
(C) refunded　過去分詞　(D) refundable　形容詞

Q9

The sales division will ------- an invitation to previous as well as present customers.

(A) reach
(B) extend
(C) receive
(D) submit

Ⓐ Ⓑ Ⓒ Ⓓ

できた…………○ あいまい………△ できなかった…× 1回目 2回目 3回目

Q10

Thanks ------- to an acclaimed designer Christopher Benzema, our latest campaign series have become a huge success.

(A) large
(B) larger
(C) largely
(D) largeness

Ⓐ Ⓑ Ⓒ Ⓓ

できた…………○ あいまい………△ できなかった…× 1回目 2回目 3回目

単語の意味

Q10
□acclaimed 形 名だたる；著名な
□huge 形 大きな

Q9 正解 (B) 動詞の選択 —— 難易度 ★★☆

ステップ1

空所の位置は The sales division will ------- an invitation で、an invitation を目的語とする動詞を選ぶ問題です。

ステップ2

to previous as well as present customers と続いているので、販売部が「招待する」になり、「招待を受ける」ではありません。(C) receive（受ける）は不可です。

ステップ3

「招待する」の意味で、an invitation（招待）を目的語にとる動詞は決まっていて、extend、issue、send (out) などです。よって、(B) extend を選びます。 (D) submit は「提出する」の意味で、an invitation とは結びつきません。(A) reach では「招待に達する」と適切な意味になりません。

問題・選択肢

販売部は、現在の顧客と同様に過去の顧客も招待するつもりだ。

(A) reach 達する　(B) extend 招待する
(C) receive 受ける　(D) submit 提出する

Q10 正解 (C) 品詞の識別 —— 難易度 ★★☆

ステップ1

空所の位置は Thanks ------- to an acclaimed designer Christopher Benzema, で、名詞の Thanks と前置詞の to に挟まれています。

ステップ2

thanks to で「～のおかげで」というイディオムになり、空所は to 以下を強調していると考えられます。

ステップ3

特定の語句を強調するのは副詞の役割なので、(C) largely（主に）を選びます。 副詞は、例えば just などのように、直後の語句を修飾（強調）することが可能です。形容詞や名詞を入れても、前後のどちらともつながらず、(A)、(B)、(D) はいずれも誤りです。

問題・選択肢

主に名だたるデザイナーであるクリストファー・ベンゼマのおかげで、我々の最新のキャンペーン・シリーズは大成功を収めた。

(A) large 形容詞（原級）　(B) larger 形容詞（比較級）
(C) largely 副詞　(D) largeness 名詞

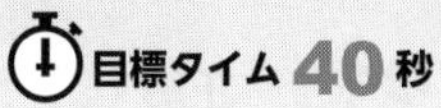

Q11

According to the survey, ------- impressed consumers the most about Dynatec's new smartphone was the quality of photos and videos taken with the built-in camera.

(A) that
(B) which
(C) what
(D) when

Ⓐ Ⓑ Ⓒ Ⓓ

できた …………○
あいまい ………△
できなかった …×

1回目	2回目	3回目
□	□	□

Q12

A company logo watch is awarded to employees who have completed 25 years of excellent -------.

(A) position
(B) service
(C) duration
(D) worker

Ⓐ Ⓑ Ⓒ Ⓓ

できた …………○
あいまい ………△
できなかった …×

1回目	2回目	3回目
□	□	□

単語の意味

Q11
□ built-in 形 内蔵の

Q12
□ award 他 授与する

Q11 正解 (C) 関係代名詞 (what) —— 難易度 ★★☆

ステップ1

選択肢には関係詞（接続詞）が並びます。空所の位置は ------- impressed consumers the most about Dynatec's new smartphone was ～となっています。

ステップ2

その前のAccording to the survey, は付属の要素なので、空所からsmartphoneまでがwasの主語になると考えられます。この部分を主語にするには、空所には関係代名詞だけでなく、その先行詞になる名詞も同時に必要になります。

ステップ3

(C) what は〈the thing(s) + which〉と同様で、先行詞を含んで主格や目的格になれる関係代名詞なので、これが正解です。

問題・選択肢

アンケート調査によると、ダイナテックの新しいスマートフォンについて最も消費者に感銘を与えたものは内蔵のカメラで撮影する写真と動画のクオリティーだ。

(A) that　関係代名詞・接続詞　　(B) which　関係代名詞
(C) what　関係代名詞　　(D) when　関係副詞

Q12 正解 (B) 名詞の選択 —— 難易度 ★★☆

ステップ1

空所は関係詞節の中にあって、employees who have completed 25 years of excellent -------. となっています。

ステップ2

この部分の意味は「25年間の優秀な～を終えた社員」です。その前は「会社のロゴが入った時計が授与される」なので、25年間は「勤続年数」と考えられます。

ステップ3

選択肢で「勤務」の意味を表すのは (B) service で、これが正解です。 (A) position は「職位；仕事のポスト」で、「勤務」とは意味が違います。(C) duration はイベントやフライトなどの「継続時間」の意味で使います。(D) worker は「労働者」なので不適。work（仕事）なら可能です。

問題・選択肢

会社のロゴが入った時計は、25年間の優秀な勤務を終えた社員に授与される。

(A) position　職位；仕事のポスト　　(B) service　勤務
(C) duration　継続時間　　(D) worker　労働者

Q13

Just after opening a new branch in Singapore, the company ------- signed a contract with one of the leading distributors in Thailand.

(A) more
(B) plus
(C) further
(D) also

Ⓐ Ⓑ Ⓒ Ⓓ

できた……………○ あいまい ………△ できなかった …×

1回目	2回目	3回目
□	□	□

Q14

If you have already registered for our new frequent-flyer program, please ------- this reminder.

(A) disregard
(B) complete
(C) notice
(D) fulfill

Ⓐ Ⓑ Ⓒ Ⓓ

できた……………○ あいまい ………△ できなかった …×

1回目	2回目	3回目
□	□	□

単語の意味

Q13
□ distributor 名 販売会社

Q14
□ frequent-flyer program
マイレージ・プログラム
□ reminder 名 確認通知；督促状

Q13 正解 (D) 副詞の選択 ―――――――――― 難易度 ★★☆

ステップ1

空所の位置はthe company ------ signed a contract with one of the leading distributors in Thailand. で、signedを修飾する副詞を選ぶ問題です。

ステップ2

カンマまでの前置詞句は「シンガポールに新支社を設立したすぐ後に」、カンマの後は「会社は～タイの主要な販売会社の1つと契約を交わした」という文意です。

ステップ3

同様の行為の反復を表す副詞が必要なので、(D) also（また）が適切です。(A) more（さらに～）は副詞としては量・程度などを強調するのに使います。(B) plus（そのうえ）と(C) further（さらに）は情報の追加で使うので、意味的には可能ですが、plusは接続詞、furtherは「さらに」の意味では接続副詞なので、いずれもこの位置には置けません。

問題・選択肢

シンガポールに新支社を設立したすぐ後に、その会社はまたタイの主要な販売会社の1つと契約を交わした。

(A) more　副詞（さらに～）　(B) plus　接続詞（そのうえ）
(C) further　副詞（さらに）　(D) also　副詞（また）

Q14 正解 (A) 動詞の選択 ―――――――――― 難易度 ★★☆

ステップ1

空所は後半の主節にあって、please ------- this reminder. となっています。reminderは「確認通知」の意味です。

ステップ2

前半のif節は「もしお客様が当社の新しいマイレージ・プログラムにすでに登録されているなら」の意味です。

ステップ3

「登録されている状態で、確認通知が来たらどうするか」を考えると、(A) disregard（無視する）が適切です。他の選択肢ではどれも適切な文意をつくれません。

問題・選択肢

もしお客様が当社の新しいマイレージ・プログラムにすでに登録されているなら、この確認通知を無視してください。

(A) disregard　無視する　(B) complete　完成する
(C) notice　気づく　(D) fulfill　果たす

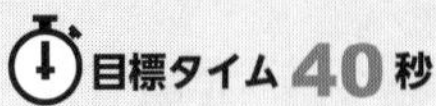

Q15

Templeton Pharmaceuticals has developed various herbal medicines ------- from tropical plants.

(A) origin
(B) originally
(C) originated
(D) originating

Ⓐ Ⓑ Ⓒ Ⓓ

できた…………○ あいまい………△ できなかった…× | 1回目 □ | 2回目 □ | 3回目 □

Q16

Unfortunately, problems with the video projection system occurred ------- Mr. Johanssen's presentation.

(A) throughout
(B) in addition to
(C) while
(D) until

Ⓐ Ⓑ Ⓒ Ⓓ

できた…………○ あいまい………△ できなかった…× | 1回目 □ | 2回目 □ | 3回目 □

単語の意味

Q15
□ pharmaceuticals 名 製薬会社

Q16
□ projection 名 投影
□ occur 自 起こる；発生する

Q15 正解 (D) 品詞の識別 ―――――――― 難易度 ★★☆

ステップ1

空所の位置は has developed various herbal medicines ------- from tropical plants. です。

ステップ2

名詞の (A) origin は medicines と組み合わせて適切な表現をつくれないので、不可です。副詞の (B) originally は developed を修飾すると考えれば可能ですが、from 以下につながらず、これも不可。

ステップ3

動詞の originate は自動詞として「(〜に) 由来する」の意味があり、前置詞 from で由来元を導きます。よって、現在分詞の (D) originating が正解です。 originate は他動詞としても使いますが「始める」の意味で、過去分詞の (C) originated は「始められた」となり、文意に合いません。

問題・選択肢

テンプルトン製薬は熱帯の植物に由来するさまざまな薬草の医薬品を開発してきた。

(A) origin 名詞
(B) originally 副詞
(C) originated 過去分詞
(D) originating 現在分詞

Q16 正解 (A) 前置詞 (throughout) ―――――― 難易度 ★★☆

ステップ1

空所の位置は ------- Mr. Johanssen's presentation. となっていて、空所には名詞が続いています。なので、空所に入るのは前置詞で、まず接続詞の (C) while を外せます。

ステップ2

次に意味を考えると、空所の前までは「残念なことに、ビデオ投影システムに問題が発生した」、空所の後は「ヨハンセン氏のプレゼン」です。

ステップ3

問題が発生したのは、プレゼンの「最中」であると考えられます。(A) throughout は「〜の間中ずっと」の意味で、これを入れると文意が通ります。 (B) in addition to だと「ヨハンセン氏のプレゼンに加えて」となり、前半につながりません。(D) until は「〜までずっと」の意味で、「プレゼンまでずっと」となって、問題はプレゼンの前に発生するので、残念なことにはなりません。

問題・選択肢

残念なことに、ヨハンセン氏のプレゼンの間中ずっとビデオ投影システムに問題が発生した。

(A) throughout 〜の間中ずっと
(B) in addition to 〜に加えて
(C) while 〜の間に
(D) until 〜までずっと

Q17

Phoenix Partners has provided thousands of companies with a ------- range of financial services from tax saving to asset management.

(A) diverse
(B) plenty
(C) variety
(D) long

Ⓐ Ⓑ Ⓒ Ⓓ

できた…………○ / あいまい………△ / できなかった…× 1回目 2回目 3回目

Q18

------- being an employee at a local post office, Kate Crown has been running her own bookstore business over the past twenty years.

(A) Besides
(B) Instead of
(C) During
(D) Except

Ⓐ Ⓑ Ⓒ Ⓓ

できた…………○ / あいまい………△ / できなかった…× 1回目 2回目 3回目

単語の意味

Q17
□asset 名 資産

Q17 正解 (A) 形容詞の選択 ―――――――― 難易度 ★★☆

ステップ1

空所の位置は with a ------- range of financial services で、range を修飾する言葉を選ぶ問題です。

ステップ2

a range of で「多様な〜」で、この range を強調できる言葉が必要です。

ステップ3

(A) diverse は「多様な」という似通った意味の形容詞で、これを入れれば range を強調できます。他に broad、full、whole などが使えます。 (B) plenty と (C) variety は名詞なので、この空所に入れることはできません。(D) long は range が単独で「距離」の意味で使われる場合には使えますが、a range of を強調するには不適です。

問題・選択肢

フェニックス・パートナーズは数千の会社に、節税から資産管理まで多様な種類の金融サービスを提供してきた。

(A) diverse 多様な　(B) plenty たくさん
(C) variety 多様　(D) long 長い

Q18 正解 (A) 前置詞の選択 ―――――――― 難易度 ★★☆

ステップ1

空所はカンマまでの前半部分にあり、------- being an employee at a local post office, となっています。文意は「地元の郵便局員であること」です。

ステップ2

一方、後半の文意は「ケイト・クラウンは過去20年にわたって自分自身の書店ビジネスを展開してきた」です。

ステップ3

「郵便局員と書店ビジネスは並行して行われてきた」と考えられるので、どちらも肯定するために (A) Besides（〜とは別に）を選びます。 (B) Instead of（〜の代わりに）では郵便局員が否定されてしまいます。(C) During（〜の間に）には一定期間を表す名詞が続き、動名詞は続けられません。(D) Except では「郵便局員であることを除いて」となり、前後半がうまくつながりません。

問題・選択肢

地元の郵便局員であることとは別に、ケイト・クラウンは過去20年にわたって自分自身の書店ビジネスを展開してきた。

(A) Besides 〜とは別に　(B) Instead of 〜の代わりに
(C) During 〜の間に　(D) Except 〜を除いて

目標タイム 40 秒

Q19

The long-lasting negotiations with Sheng Long Automobiles must be -------, as we need to get more revenues by the end of the fiscal year.

(A) implemented
(B) finalized
(C) terminated
(D) commenced

Ⓐ Ⓑ Ⓒ Ⓓ

できた …………○ 1回目 2回目 3回目
あいまい ………△
できなかった …×

Q20

The two managers had warned ------- but couldn't avoid some overbooking in the peak season.

(A) one
(B) another
(C) each other
(D) one after another

できた …………○ 1回目 2回目 3回目
あいまい ………△
できなかった …×

単語の意味

Q19
□ fiscal year　事業年度

Q20
□ overbook　自 超過予約をする

Q19 正解 (B) 動詞の選択 ―――――――――― 難易度 ★★☆

ステップ1

空所の位置はThe long-lasting negotiations with Sheng Long Automobiles must be -------, で、主節の受け身の動詞を選ぶ問題です。ここの意味は「長く続いているシェンロン自動車との交渉は～なくてはならない」です。

ステップ2

後半の従属節は「我々は年度末までにさらに収入を得る必要があるので」となっています。

ステップ3

さらに収入を得るには「交渉は決着（妥結）される」必要があります。この意味を表すのは (B) finalized です。 (C) terminated は「(交渉・契約などが) 打ち切られる」で意味が逆です。(A) implemented や (D) commenced では、収入を得ることにつながらないのでどちらも不適です。

問題・選択肢

我々は事業年度末までにさらに収入を得る必要があるので、長く続いているシェンロン自動車との交渉は決着されなくてはならない。

(A) implemented 実行される　　(B) finalized 決着される

(C) terminated 打ち切られる　　(D) commenced 開始される

Q20 正解 (C) each other ―――――――――― 難易度 ★★☆

ステップ1

選択肢には代名詞とイディオムが混在しています。空所の位置は The two managers had warned ------- で、次は but でいったん文が切れています。

ステップ2

warned に目的語がないので、空所には目的語が入ると考えられます。主語は The two managers と２人であることがヒントになります。

ステップ3

(C) each other は「互いに」の意味の名詞なので、２人を受けて目的語にできます。これが正解。 代名詞の (A) one や (B) another は、それぞれだれ（何）を指すか不明です。(D) one after another は「次々に」で、意味的におかしく、また副詞的に使うので目的語にもなれません。

問題・選択肢

２人のマネジャーは互いに警告し合ったが、最盛期の超過予約を回避することはできなかった。

(A) one 一人　　(B) another もう一人

(C) each other 互いに　　(D) one after another 次々に

Q21

His young age -------, Mr. Kominsky has represented a number of high-profile clients since opening his own firm specializing in corporate law.

(A) notwithstanding
(B) however
(C) nevertheless
(D) conversely

Ⓐ Ⓑ Ⓒ Ⓓ

できた …………○　あいまい ………△　できなかった …×

1回目	2回目	3回目
□	□	□

Q22

All employees should ------- an annual medical checkup, which is covered under the company's medical insurance plan.

(A) record
(B) retain
(C) undergo
(D) establish

できた …………○　あいまい ………△　できなかった …×

1回目	2回目	3回目
□	□	□

単語の意味

Q21
□ high-profile　形 有名な
□ specialize in　～に特化する

Q22
□ medical checkup　健康診断

Q21 正解 (A) 前置詞 (notwithstanding) ——— 難易度 ★★★

ステップ1

空所は冒頭のHis young age -------, にあります。空所には、「彼の若い年齢」を後続の主文につなぐ言葉が必要です。

ステップ2

主文は「会社法に特化した自分の会社を立ち上げて以来、数多くの有名なクライアントを代理してきた」の意味で、「彼の若い年齢」とは相反する内容なので、空所には逆接のつなぎ言葉が必要です。

ステップ3

(A) notwithstanding は「〜にもかかわらず」の意味の前置詞ですが、前置詞としては例外的に、逆接にする対象の言葉に続けて〈名詞 + notwithstanding〉の形で使えます。これが正解。 (B) however (しかしながら)、(C) nevertheless (それでもなお)、(D) conversely (反対に) は逆接の意味をもちますが、いずれも接続副詞で、前文を受ける形で単独で使います。名詞に続けて使うことはできません。

問題・選択肢

コミンスキーさんは年齢が若いにもかかわらず、会社法に特化した自分の会社を立ち上げて以来、数多くの有名なクライアントの代理をしてきた。

(A) notwithstanding 〜にもかかわらず　(B) however しかしながら
(C) nevertheless それでもなお　(D) conversely 反対に

Q22 正解 (C) 動詞の選択 ——— 難易度 ★★☆

ステップ1

空所は前半の主節にあり、All employees should ------- an annual medical checkup となっています。

ステップ2

目的語が medical checkup (健康診断) なので、この言葉と相性のいい動詞を探します。

ステップ3

(C) undergo は「(苦難などを) 経験する」の意味で、医療では「(手術・検査を) 受ける」の意味で使えるので、これが正解です。 他の動詞は medical checkup とつながりません。

問題・選択肢

すべての社員は、会社の医療保険で賄われる年に一度の健康診断を受けるべきだ。

(A) record 記録する　(B) retain 保持する
(C) undergo 受ける　(D) establish 確立する

Q23

Sunshine Drugstore's outlets are open from 10 a.m. to 7 p.m. every day, ------- during the holiday season and Easter.

(A) additionally
(B) never
(C) except
(D) instead of

Ⓐ Ⓑ Ⓒ Ⓓ

できた…………○　あいまい………△　できなかった…×

1回目	2回目	3回目
□	□	□

Q24

Celestine's high-end printer XP7 and its ------- are similar in printing speed and quality.

(A) competition
(B) item
(C) similarity
(D) opposite

Ⓐ Ⓑ Ⓒ Ⓓ

できた…………○　あいまい………△　できなかった…×

1回目	2回目	3回目
□	□	□

単語の意味

Q23

□ outlet　名 小売店
□ the holiday season　クリスマス

Q23 正解 (C) 前置詞 (except) ―――― 難易度 ★★☆

ステップ1

空所の位置は ------- during the holiday season and Easter. で、「クリスマスとイースターの間」がどうなのかを考えます。

ステップ2

カンマまでの文意は「サンシャイン・ドラッグストアの店舗は毎日午前10時から午後7時まで営業している」なので、「クリスマスとイースターの間」はこの時間帯で営業していないことが推測できます。

ステップ3

(C) except（～を除いて）を入れれば、クリスマスとイースターの間だけ異なることを示すことができます。 (A) additionally（その上）や (B) never（決して～ない）はここで使っても意味をなしません。(D) instead of では「クリスマスとイースターの間ではなく」と後ろを否定するので、前半につながりません。

問題・選択肢

サンシャイン・ドラッグストアの店舗は、クリスマスとイースターの間を除いて、毎日午前10時から午後7時まで営業している。

(A) additionally 副詞（その上）　(B) never 副詞（決して～ない）
(C) except 前置詞（～を除いて）　(D) instead of 前置詞（～ではなく）

Q24 正解 (A) 名詞の選択 ―――― 難易度 ★★★

ステップ1

空所の位置はCelestine's high-end printer XP7 and its ------- are similarです。

ステップ2

主語は and で結ばれていて、また are similar ともあるので、Celestine's high-end printer XP7 と its ------- は似通ったものです。

ステップ3

(A) competition には「競争」だけでなく「競争相手；ライバル」の意味もあるので、これを入れると「そのライバル製品」となり、「印刷スピードと品質において同等である」ともうまくつながります。 (B) item は「商品」の意味ですが、its が printer XP7 を指すので、同じものを繰り返してしまうことになり不可。(C) similarity（類似（点））や (D) opposite（反対のもの）ではライバル製品を表現できません。

問題・選択肢

セレスティンの高級プリンター XP7 とそのライバル製品は、印刷のスピードと品質において同等である。

(A) competition 競争相手；ライバル　(B) item 商品
(C) similarity 類似（点）　(D) opposite 反対のもの

Q25

Local farmers have ------- abnormally cold weather in spring and summer for the decrease in crop production this year.

(A) blamed
(B) believed
(C) remarked
(D) argued

Ⓐ Ⓑ Ⓒ Ⓓ

できた …………○ あいまい ………△ できなかった …×	1回目	2回目	3回目
	□	□	□

Q26

Many employees have asked the administration department to have the kitchen cabinets in the pantry ------- to be more accessible.

(A) expected
(B) installing
(C) steady
(D) lowered

できた …………○ あいまい ………△ できなかった …×	1回目	2回目	3回目
	□	□	□

単語の意味

Q25
□ crop 名 穀物

Q26
□ administration department
総務部
□ pantry 名 食器室

Q25 正解 (A) 動詞の選択 ——— 難易度 ★★☆

ステップ1

空所の位置はLocal farmers have ------- abnormally cold weather in spring and summerとなっていて、述語動詞を構成する過去分詞を選ぶ問題です。

ステップ2

目的語は「春と夏の異常に寒冷だった気候」、for以下は「今年の穀物生産量の減少」となっています。

ステップ3

(A) blamedは〈blame A for B〉の形で「BをAのせいにする；Bを理由にAをとがめる」の意味で使えるので、これが正解です。他の動詞は意味も合わず、〈V A for B〉の形もとれません。

問題・選択肢

地元の農業事業者は、今年の穀物生産量の減少を春と夏の異常に寒冷だった気候のせいにした。

(A) blamed せいにした　(B) believed 信じた
(C) remarked 述べた　(D) argued 論じた

Q26 正解 (D) 分詞・形容詞の選択 ——— 難易度 ★★☆

ステップ1

空所は不定詞の中にあり、to have the kitchen cabinets in the pantry ------- to be more accessible. となっています。

ステップ2

この部分の意味は「もっと手が届きやすいようにキッチン戸棚を～する」です。**前半は「多くの社員は総務部に求めている」なので、「もっと手が届きやすいようにキッチン戸棚をどうすることを求めている」かを考えます。**

ステップ3

(D) loweredを選んで「(キッチン戸棚が) 低くされる」とすれば文意に合います。(B) installingは現在分詞なので、「(キッチン戸棚が) 設置する」と能動の意味になり、不適。過去分詞のinstalledなら正解です。(C) steady (安定した) は、キッチン戸棚が安定しても手が届きやすくはならないので、不可。(A) expected (期待された) は文意に合いません。

問題・選択肢

多くの社員は総務部に、もっと手が届きやすいように食器室のキッチン戸棚が低くされることを求めている。

(A) expected 期待された　(B) installing 設置する
(C) steady 安定した　(D) lowered 低くされる

Q27

Digital entries for the Winter Art Exhibition must be received via online application ------- midnight, September 30.

(A) not until
(B) as soon as
(C) more than
(D) no later than

Ⓐ Ⓑ Ⓒ Ⓓ

できた…………○ あいまい………△ できなかった…× 1回目 2回目 3回目

Q28

It is ------- that the new budget plan be approved by the board of directors by this weekend in order to launch the South Gate project in early May.

(A) essential
(B) timely
(C) possible
(D) urgently

Ⓐ Ⓑ Ⓒ Ⓓ

できた…………○ あいまい………△ できなかった…× 1回目 2回目 3回目

単語の意味

Q27
□entry 名 応募（作品）
□via 前 ～を通して

Q28
□launch 他 着手する

Q27 正解 (D) イディオムの選択 ——— 難易度 ★☆☆

ステップ1

選択肢にはさまざまなイディオムが並びます。空所の位置は ------- midnight, September 30. で、日付の前にあります。

ステップ2

空所までの文意は「冬期美術展へのデジタル応募はオンライン申請で受け付けを行わなければならない」なので、日付は「締め切り」と考えられます。

ステップ3

選択肢で締め切りを表せるのは、「(遅くとも) ～までに」の意味をもつ (D) no later than です。(A) not until は「～まで～ない」で締め切りを表せません。

問題・選択肢

冬期美術展へのデジタル応募は9月30日の深夜までにオンライン申請で受け付けを行わなければならない。

(A) not until　～まで～ない　　(B) as soon as　～するとすぐに

(C) more than　～以上の　　(D) no later than　(遅くとも) ～までに

Q28 正解 (A) 形容詞の選択 ——— 難易度 ★★☆

ステップ1

空所の位置は It is ------- that ～で、仮主語 It の構文で、that 節を導くのに適切な形容詞を選ぶ問題です。

ステップ2

ポイントは that 節の動詞が be という原形であることです。これは仮定法現在の形で、主節の形容詞には「要求・必要・推奨」の意味のあるものが必要です。

ステップ3

(A) essential (不可欠な) は「必要」の意味があるので、これが正解です。(B) timely (タイミングのいい)、(C) possible (可能な) はこの条件を満たしておらず、また意味的にも合いません。(D) urgently は副詞なので不可。urgent と形容詞なら「必要」の条件を満たし、意味も合うので正解になります。

問題・選択肢

サウスゲート・プロジェクトを5月初旬に開始するためには、新しい予算案が今週末までに取締役会に承認されることが不可欠だ。

(A) essential　不可欠な　　(B) timely　タイミングのいい

(C) possible　可能な　　(D) urgently　至急に

Q29

Customer data is collected online and analyzed using advanced statistical algorithms, which ------- the company to spend its budget for sales and marketing activities more efficiently.

(A) compels
(B) makes
(C) promotes
(D) enables

Ⓐ Ⓑ Ⓒ Ⓓ

できた …………○ 1回目 2回目 3回目
あいまい ………△
できなかった …×

Q30

While the sales manager is out of the country, Ms. Collins is a ------- for the Swire account.

(A) successor
(B) contact
(C) share
(D) charge

Ⓐ Ⓑ Ⓒ Ⓓ

できた …………○ 1回目 2回目 3回目
あいまい ………△
できなかった …×

単語の意味

Q29
☐ statistical algorithm
統計アルゴリズム

Q30
☐ account 名 顧客

Q29 正解 (D) 動詞の選択 ——————— 難易度 ★★☆

ステップ1

空所の位置は、which ------- the company to spend its budget for sales and marketing activities more efficiently. で、which 節の述語動詞を選ぶ問題です。

ステップ2

ポイントは ------- the company to spend 〜の文構造で、空所に入る動詞は〈V O to do〉の形がとれないといけません。この観点から、まず (B) makes と (C) promotes を外せます。

ステップ3

カンマまでの意味は「顧客データはオンラインで収集され、最先端の統計アルゴリズムを使って分析され」で、「そのことが会社が販売やマーケティングの活動に予算をより効率的に使うことを〜」という文脈なので、「可能」を表す (D) enables が文脈に合います。「強制」を表す (A) compels は不適です。

問題・選択肢

顧客データはオンラインで収集され、最先端の統計アルゴリズムを使って分析され、そのことが会社が販売やマーケティングの活動に予算をより効率的に使うことを可能にしている。

(A) compels 〜を強いる　(B) makes 〜させる
(C) promotes 〜を促進する　(D) enables 〜を可能にする

Q30 正解 (B) 名詞の選択 ——————— 難易度 ★★★

ステップ1

空所は主節の Ms. Collins is a ------- for the Swire account. にあります。account は「顧客」で、the Swire account で「顧客のスワイアー社」です。

ステップ2

主語と補語は is で結ばれ〈Ms. Collins = 空所〉なので、空所に入る名詞は人を表すものでないといけません。(B) share（役割；取り分）と (D) charge（責任）は人を表せないので、まずこの２つを外せます。

ステップ3

(A) successor（後継者）、(B) contact（連絡窓口）はいずれも人を表せますが、前半は「販売部長が国外にいる間」なので一時的な状況です。よって、「販売部長が国外にいる間、（一時的に）連絡窓口になる」と考えて (B) を選びます。

問題・選択肢

販売部長が国外にいる間、コリンズさんが顧客のスワイアー社の連絡窓口です。

(A) successor 後継者　(B) contact 連絡窓口
(C) share 役割；取り分　(D) charge 責任

800点レベル

DAY 3

実戦練習 No.3

30問

（解答時間）

目標タイム 10分

✓ Part 5 に出る全種の問題をランダムに出題しています。本番の Part 5 を解くつもりで、時間も意識しながら解答してみましょう。

✓ 問題を解いたら、解説を読んでしっかり理解しておきましょう。また、日をおいて、2回、3回とトライしてみましょう。

✓ 成果を記入してみましょう。3回分、記入できるようになっています。

	1st TRY	2nd TRY	3rd TRY
Score	／30問	／30問	／30問
Time	分　秒	分　秒	分　秒

目標タイム 40 秒

Q1

A recent survey suggests ------- the targeted customers aren't so interested in our new line of shoes.

(A) so that
(B) that
(C) such
(D) for

Ⓐ Ⓑ Ⓒ Ⓓ

できた………○ あいまい………△ できなかった…×

1回目	2回目	3回目
□	□	□

Q2

This overcoat in green is moving ------- at every location of our chain, and an additional order has already been made by the inventory manager.

(A) fast
(B) forward
(C) speedy
(D) swift

できた………○ あいまい………△ できなかった…×

1回目	2回目	3回目
□	□	□

単語の意味

Q1
□ survey 名 調査
□ target 他 対象とする

Q2
□ location 名 店
□ inventory 名 在庫

Q1 正解 (B) 接続詞 (that) ——— 難易度 ★☆☆

ステップ1

空所は述語動詞 suggests の後で、suggests ------- the targeted customers aren't so interested in our new line of shoes. となっています。

ステップ2

空所の後は文です。また、他動詞の suggests に目的語がないことに注目します。

ステップ3

接続詞の that を入れれば後ろの文を suggests の目的語としてつなげられます。よって、(B) that が正解です。 (A) so that は「目的や結果」、(D) for は「理由」の意味の接続詞なので、suggests とつながりません。形容詞 (C) such は、that が省略されていると考えると可能性がありますが、定冠詞 the と一緒には使えず、such が何を指すかもわからないので不可です。

問題・選択肢

ターゲットにする顧客は当社の靴の新ラインにあまり関心がないことを、最近の調査は示している。

(A) so that 接続詞（～のために；～して） (B) that 接続詞（～ということ）
(C) such 形容詞（そのような） (D) for 接続詞（というのは～）

Q2 正解 (A) 副詞の選択 ——— 難易度 ★★☆

ステップ1

選択肢には形容詞と副詞が混在しています。空所は前半の文にあり、This overcoat in green is moving ------- at every location of our chain, となっています。

ステップ2

自動詞の move には補語を続ける用法がないので、空所に入るのは副詞です。ここから形容詞の (C) speedy（速い）と (D) swift（速い）を外せます。

ステップ3

副詞の (A) fast（速く）か (B) forward（先に）のどちらかですが、move fast だと「動きが速い」→「よく売れる」となって、文意に合います。(A) が正解です。 move forward は「前に進む」で、「売れる」の意味を表すことはできず不可です。

問題・選択肢

この緑色のオーバーコートは私たちのチェーンのどの店舗でも売れ行きがよく、追加注文がすでに在庫管理部長によって行われている。

(A) fast 副詞（速く） (B) forward 副詞（先に）
(C) speedy 形容詞（速い） (D) swift 形容詞（速い）

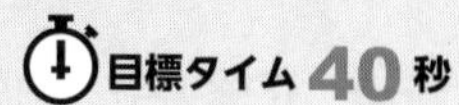

Q3

Customers can contact Melrose Realty via SNS and have their agents ------- them a property tour.

(A) give
(B) giving
(C) to give
(D) given

Ⓐ Ⓑ Ⓒ Ⓓ

できた …………○ あいまい ………△ できなかった …×

1回目	2回目	3回目
□	□	□

Q4

Avon Textiles' factory in Romania has already ------- operation after two days of suspension due to the snowstorm.

(A) resumed
(B) expired
(C) persisted
(D) accepted

Ⓐ Ⓑ Ⓒ Ⓓ

できた …………○ あいまい ………△ できなかった …×

1回目	2回目	3回目
□	□	□

単語の意味

Q3
□ realty 名 不動産（会社）
□ property tour 物件の内覧

Q4
□ suspension 名 停止

Q3 正解 (A) 動詞の形 ── 難易度 ★★☆

ステップ1

選択肢にはさまざまな動詞の形が並びます。空所は and で結ばれた後半の文にあり、and have their agents ------- them a property tour. となっています。

ステップ2

them は Customers を指すと考えられるので、ここの文意は「顧客は担当者に物件の内覧を提供してもらう」となるはずです。つまり、〈have O C ~〉の形になっているということです。

ステップ3

この形で補語 C にくる動詞は原形と分詞のどちらも可能ですが、ここでは「担当者（O）が内覧を提供する (C)」となるので C の動詞は能動態でないといけません。(D) given は不可です。また、「物件を内覧する」は文脈から、連続する行動ではなく、必要に応じてその都度発生する行動なので、現在分詞の (B) giving は不適で、原形の (A) give が適切です。

問題・選択肢

顧客はSNS経由でメルローズ不動産に連絡して、担当者に物件の内覧をさせてもらうことができる。

(A) give 原形　(B) giving 現在分詞
(C) to give 不定詞　(D) given 過去分詞

Q4 正解 (A) 動詞の選択 ── 難易度 ★★☆

ステップ1

空所の位置は Avon Textiles' factory in Romania has already ------- operation で、「エイボン・テキスタイルズのルーマニア工場がすでに操業をどうしたか」を考えます。

ステップ2

after two days of suspension due to the snowstorm から「吹雪で2日間停止していた」ことがわかるので、「操業を再開した」と考えられます。

ステップ3

(A) resumed は「再開した」の意味なので、これが正解です。(B) expired（期限が切れた）、(C) persisted（持続した）、(D) accepted（受け入れた）はいずれもこの状況に合いません。

問題・選択肢

エイボン・テキスタイルズのルーマニア工場は、吹雪による2日間の操業停止の後、すでに再稼働している。

(A) resumed 再開した　(B) expired 期限が切れた
(C) persisted 持続した　(D) accepted 受け入れた

Q5

Household products such as chemical cleaners and paint may be hazardous to the environment, so please dispose of ------- in accordance with waste regulations.

(A) they
(B) their
(C) them
(D) themselves

Ⓐ Ⓑ Ⓒ Ⓓ

できた …………○
あいまい ………△
できなかった …×

1回目	2回目	3回目
□	□	□

Q6

Ridgewood Development has a ------- track record investing in commercial and residential properties in Southeast Asia.

(A) prove
(B) proven
(C) proving
(D) proof

Ⓐ Ⓑ Ⓒ Ⓓ

できた …………○
あいまい ………△
できなかった …×

1回目	2回目	3回目
□	□	□

単語の意味

Q5
□ hazardous 形 有害な
□ waste 名 廃棄（物）

Q5 正解 (C) 代名詞（目的格） ―――― 難易度 ★☆☆

ステップ1

選択肢には三人称複数の代名詞のさまざまな格が並びます。空所は後半の文にあり、so please dispose of ------- in accordance with waste regulations. となっています。

ステップ2

空所は前置詞の of に続く要素で次も前置詞なので、主格の (A) they や所有格の (B) their は入る余地がありません。後半の文意は「廃棄規則に従って～を処分してください」です。

ステップ3

何を処分するかを前半に探すと Household products です。これを前置詞の目的語の部分で使うので、目的格の (C) them が正解です。再帰代名詞は同一文で主語と重複する際や強調する際に使うものなので、(D) themselves はこの文には当てはまりません。

問題・選択肢

化学洗浄剤や塗料のような家庭用品は環境に有害な可能性があるので、廃棄規則に従ってそれらを処分してください。

(A) they　主格　　(B) their　所有格
(C) them　目的格　　(D) themselves　再帰代名詞

Q6 正解 (B) 品詞の識別 ―――― 難易度 ★★☆

ステップ1

選択肢には動詞 prove の変化形と名詞が並びます。空所は目的語の中にあり、a ------- track record となっています。

ステップ2

空所は冠詞の後で、次が名詞なので、動詞原形は入らないのでまず (A) prove を外せます。track record は「実績」の意味で、名詞の proof（証明）とはつながらないので (D) も不可。

ステップ3

現在分詞の (C) proving は「証明する」、過去分詞の (B) proven は「証明された」→「折り紙付きの」なので、過去分詞の (B) が正解です。a proven track record はビジネスでよく使う表現なので、知っていれば即座に選べるでしょう。

問題・選択肢

リッジウッド・デベロプメントは、東南アジアにおける商用および居住用不動産への投資で折り紙付きの実績をもっている。

(A) prove　動詞（原形）　　(B) proven　過去分詞
(C) proving　現在分詞　　(D) proof　名詞

Q7

We accept returns and exchanges on our items ------- they are in a sellable condition with all labels still attached.

(A) as clean as
(B) as well as
(C) as far as
(D) as long as

Ⓐ Ⓑ Ⓒ Ⓓ

できた …………○ あいまい ………△ できなかった …×

1回目	2回目	3回目
□	□	□

Q8

Danburite Cosmetics' new fulfillment center has started operations, ------- making distributions to the local market more efficient.

(A) which
(B) and
(C) thus
(D) so that

Ⓐ Ⓑ Ⓒ Ⓓ

できた …………○ あいまい ………△ できなかった …×

1回目	2回目	3回目
□	□	□

単語の意味

Q7
□ sellable 形 販売できる

Q8
□ fulfillment center 配送センター
□ efficient 形 効率的な

Q7 正解 (D) イディオムの選択 ―――――― 難易度 ★★☆

ステップ1

空所は前半の文が終わった後にあり、------- they are in a sellable condition with all labels still attached. となっています。

ステップ2

前半の文は「私どもは、当社商品について返品と交換を受け付けます」、空所の後は「それらがすべてのラベルがまだ付いていて販売できる状態である」なので、後半は前半の「条件」であると考えられます。

ステップ3

選択肢の中で条件を表せるのは (D) as long as（～するかぎり）です。 (C) as far as（～するかぎり）は日本語訳からはまぎらわしいですが、こちらは「範囲」を表し、この文脈では使えません。

問題・選択肢

私どもは、当社商品について、それらがすべてのラベルがまだ付いていて販売できる状態であるかぎり、返品と交換を受け付けます。

(A) as clean as　～と同じくらいきれいな
(B) as well as　～と同様に
(C) as far as　～するかぎり
(D) as long as　～するかぎり

Q8 正解 (C) 副詞 (thus) ―――――― 難易度 ★★☆

ステップ1

選択肢には関係代名詞、接続詞、副詞が混在しています。空所の位置は文が終わった後で、------- making distributions to the local market more efficient. という分詞構文の冒頭にあります。

ステップ2

空所以降は文ではないので、関係代名詞の (A) which と、従属節を導く接続詞の (D) so that を使うことはできません。

ステップ3

前半の文意は「ダンビュライト・コスメティクスの新しい配送センターが運営を開始した」、後半の分詞構文は「地元市場への配送がより効率的になった」です。**分詞構文は「結果」を表すので、副詞の (C) thus（そうして）を入れると前後がうまくつながります。** (B) and は「そして」という結果の用法がありますが、分詞構文の冒頭には置けません。and has made ～とするならOKです。

問題・選択肢

ダンビュライト・コスメティクスの新しい配送センターが運営を開始して、そうして地元市場への配送がより効率的になった。

(A) which　関係代名詞
(B) and　接続詞
(C) thus　副詞
(D) so that　接続詞

Q9

Before contacting the help desk, consult the troubleshooting section of the manual to ------- that you are using the product correctly.

(A) encourage
(B) warrant
(C) ensure
(D) assume

Ⓐ Ⓑ Ⓒ Ⓓ

できた …………○ あいまい ………△ できなかった …×

1回目 □ 2回目 □ 3回目 □

Q10

Visitors can seek culinary ------- everywhere around the city, from three-star posh restaurants in the city center to night-time food stalls downtown.

(A) delights
(B) refreshments
(C) skills
(D) savings

Ⓐ Ⓑ Ⓒ Ⓓ

できた …………○ あいまい ………△ できなかった …×

1回目 □ 2回目 □ 3回目 □

単語の意味

Q9
☐ troubleshooting 形 問題解決の

Q10
☐ culinary 形 料理の
☐ posh 形 高級な

Q9 正解 (C) 動詞の選択 ―――― 難易度 ★★☆

ステップ1

空所は不定詞に中にあり、to ------- that you are using the product correctly. となっています。

ステップ2

この部分の意味は「あなたが製品を正しく使っていることを〜ために」です。不定詞の前は「ヘルプデスクに連絡をする前に、マニュアルの問題解決の章を読んでください」となっています。

ステップ3

ヘルプデスクに連絡する前にするべきことなので、(C) ensure（確認する）を選べば、「あなたが製品を正しく使っていることを確認するためにマニュアルの問題解決の章を読んでください」となって文意が通ります。他の選択肢はどれも文意に合わず、(A) encourage と (B) warrant は that 節も導けません。

問題・選択肢

ヘルプデスクに連絡をする前に、あなたが製品を正しく使っていることを確認するために、マニュアルの問題解決の章を読んでください。

(A) encourage 推奨する (B) warrant 保証する
(C) ensure 確認する (D) assume 想定する

Q10 正解 (A) 名詞の選択 ―――― 難易度 ★★☆

ステップ1

空所の位置は Visitors can seek culinary ------- everywhere around the city, で、形容詞の culinary に修飾される名詞です。

ステップ2

culinary は「料理の」の意味で、またカンマの後は「市の中心にある３つ星の高級レストランからダウンタウンの夜の飲食屋台まで」となっています。

ステップ3

「さまざまな飲食店で料理の何を追求するか」を考えれば (A) delights（楽しみ）を選べます。(B) refreshments（軽食）は料理絡みで、(C) skills（技能）は culinary との結びつきで、文意が取れない場合に選んでしまうひっかけの選択肢です。(D) savings（割引；貯金）は文意にまったく合わないので、容易に外せるでしょう。

問題・選択肢

市の中心にある３つ星の高級レストランからダウンタウンの夜の飲食屋台まで、訪問客は市のどこででも料理の楽しみを追求できる。

(A) delights 楽しみ (B) refreshments 軽食
(C) skills 技能 (D) savings 割引；貯金

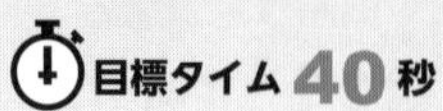

Q11

Make home ------- easy, with a range of high-quality DIY equipment from SHM.

(A) improve
(B) improved
(C) improver
(D) improvement

Ⓐ Ⓑ Ⓒ Ⓓ

できた…………○ 1回目 2回目 3回目
あいまい………△
できなかった…×

Q12

When you are in Prague, you must ------- visit the Kafka Museum which will lure you into the author's mysterious world.

(A) pleasantly
(B) certainly
(C) definitely
(D) presumably

できた…………○ 1回目 2回目 3回目
あいまい………△
できなかった…×

単語の意味

Q12

□ lure 他 引き込む；誘い込む

Q11 正解 (D) 品詞の識別 ―――――――― 難易度 ★★☆

ステップ1

選択肢には improve が語幹のさまざまな品詞が並んでいます。空所の位置は Make home ------- easy, となっています。

ステップ2

動詞 make は〈make O C〉の第5文型がとれるので、この形ではないかと考えます。また、後続の with 以下は「SHMの多種の高品質DIY機器を使って」の意味であることも踏まえて、「home の何を容易にするか」を考えます。

ステップ3

(D) improvement を入れれば home improvement（家の改装）となり、「家の改装を容易にする」という適切な文をつくれます。 (C) improver では「家を改良するもの」となって、適切な文意になりません。(A) の動詞原形や (B) の過去分詞は文法的に無理です。

問題・選択肢

SHMの多種の高品質DIY機器を使うことで、家の改装を容易にしてください。

(A) improve 動詞（原形）　(B) improved 過去分詞

(C) improver 名詞　(D) improvement 名詞

Q12 正解 (C) 副詞の選択 ―――――――― 難易度 ★★☆

ステップ1

空所の位置は When you are in Prague, you must ------- visit the Kafka Museum で、適切な副詞を選ぶ問題です。

ステップ2

文意は「あなたがプラハにいるときには、カフカ・ミュージアムを〜訪れるべきです」で、カフカ・ミュージアムを you に推奨する文です。

ステップ3

(C) definitely は「ぜひとも」の意味があり、推奨の文にぴったりです。これが正解。 (A) pleasantly では「楽しく訪問すべき」となって、「楽しく」を強制されるようなおかしな文になります。(B) certainly（確かに）は根拠に基づく確信を表し、推奨の意味を出せません。(D) presumably（おそらく）では推奨したいのかどうかあいまいになってしまいます。

問題・選択肢

あなたがプラハにいるときには、あなたを作家のミステリアスな世界に引き込むカフカ・ミュージアムをぜひとも訪れるべきです。

(A) pleasantly 楽しく　(B) certainly 確かに

(C) definitely ぜひとも　(D) presumably おそらく

Q13

Rumor has ------- that Hanna Cussler will resign as the CEO of Continental Airways after she signs the merger contract.

(A) a lot
(B) such
(C) it
(D) her

Ⓐ Ⓑ Ⓒ Ⓓ

できた …………○
あいまい ………△
できなかった …×

1回目 2回目 3回目

Q14

Alain Bennett has been writing various kinds of novels for over 30 years, having ------- six prestigious literary prizes.

(A) awards
(B) awarded
(C) to award
(D) been awarded

Ⓐ Ⓑ Ⓒ Ⓓ

できた …………○
あいまい ………△
できなかった …×

1回目 2回目 3回目

単語の意味

Q13
□ rumor 名 噂
□ merger 名 合併

Q14
□ prestigious 形 権威ある
□ literary 形 文学の

Q13 正解 (C) 代名詞 (仮目的語の it) ―――― 難易度 ★★☆

ステップ1

選択肢に並ぶのは多彩な単語です。空所は Rumor has ------- にあり、その後に that 節が続いている文です。

ステップ2

Rumor has ------- と that 節の関係を考えるのがポイントです。字義通りに解せば Rumor has ------- は「噂は～をもつ」で、空所に当たる部分に噂の内容である that 節がくると考えられます。

ステップ3

この that 節を仮目的語の it で先行させれば、文構造として正しくなります。よって、(C) it が正解です。他の選択肢の語では、that 以下とつなげて適切な文をつくることができません。

問題・選択肢

噂によると、ハンナ・カッスラーは、合併契約に調印した後、コンチネンタル・エアウェイズのCEOを辞任するようだ。

(A) a lot たくさん (B) such そのような
(C) it それを (D) her 彼女を

Q14 正解 (D) 動詞の形 ―――― 難易度 ★★☆

ステップ1

選択肢にはさまざまな動詞の形が並びます。空所はカンマでいったん文が完結した後にあり、having ------- six prestigious literary prizes. となっています。

ステップ2

having 以下は分詞構文の要素ですが、主文の主語は Alain Bennett という人です。動詞 award は他動詞で「(賞を) 授与する」の意味なので、Alain Bennett の主語に対しては「(賞を) 授与される」と受け身にする必要があります。

ステップ3

完了形の having に受動態を続けるには been awarded が必要です。よって、(D) が正解となります。

問題・選択肢

アラン・ベネットは30年以上にわたってさまざまな種類の小説を書いてきて、6つの権威ある文学賞を受賞している。

(A) awards 三単現 (B) awarded 過去分詞
(C) to award 不定詞 (D) been awarded been + 過去分詞

Q15

Collaboration with a rap star will be a good opportunity to ------- our new sport shoes line.

(A) purchase
(B) outline
(C) represent
(D) showcase

Ⓐ Ⓑ Ⓒ Ⓓ

できた……………○ あいまい………△ できなかった…× 1回目 2回目 3回目

Q16

The Splendid Venice website provides good ------- of the city's attractions, from churches and architecture to food specialties.

(A) destinations
(B) coverage
(C) itinerary
(D) solution

Ⓐ Ⓑ Ⓒ Ⓓ

できた……………○ あいまい………△ できなかった…× 1回目 2回目 3回目

単語の意味

Q15
☐ collaboration 名 協業；コラボ

Q16
☐ attraction 名 見所；魅力
☐ specialty 名 名物料理

Q15 正解 (D) 動詞の選択 ——— 難易度 ★★☆

ステップ1

空所は不定詞の中にあり、to ------ our new sport shoes line. となっていて、適切な動詞を選ぶ問題です。

ステップ2

この部分の意味は「我々の新しいスポーツシューズの商品ラインを～するための」です。前半は「ラップスターとのコラボはいい機会になるだろう」の文意です。

ステップ3

「ラップスターとのコラボが商品ラインをどうするいい機会なのか」を考えると、(D) showcase（紹介する）がぴったりです。 (B) outline は「概略を説明する」、(C) represent は「表す；代表する」で、宣伝というニュアンスを出せません。(A) purchase（購入する）は文意に合いません。

問題・選択肢

ラップスターとのコラボは、我々の新しいスポーツシューズの商品ラインを紹介するいい機会となるだろう。

(A) purchase 購入する
(B) outline 概略を説明する
(C) represent 表す；代表する
(D) showcase 紹介する

Q16 正解 (B) 名詞の選択 ——— 難易度 ★★☆

ステップ1

空所の位置は The Splendid Venice website provides good ------- of the city's attractions, で、この部分の文意は「ウェブサイトのスプレンディッド・ベニスは、その市の見所のよい～を提供している」です。

ステップ2

カンマ以下に「教会や建築から地元料理まで」とあることも踏まえて、「市の見所の何を提供するか」を考えます。

ステップ3

(B) coverage は「取り扱い範囲」の意味で使うので、「市の魅力を幅広く取り扱っている」とできるので、これが正解です。 (A) destinations（目的地）や (C) itinerary（旅程表）は旅行つながりから想起させるひっかけの選択肢で、空所に入れても意味をなしません。(D) solution（解決策）は、見所紹介の文意に合いません。

問題・選択肢

ウェブサイトのスプレンディッド・ベニスは、教会や建築から地元料理まで、その市の見所を幅広く取り扱っている。

(A) destinations 目的地
(B) coverage 取り扱い範囲
(C) itinerary 旅程表
(D) solution 解決策

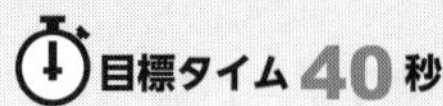

Q17

The latest ------- about consumer behavior on rainy days are useful for us to create a new line of umbrellas.

(A) find
(B) finds
(C) findings
(D) finder

Ⓐ Ⓑ Ⓒ Ⓓ

できた…………○ あいまい………△ できなかった…×

1回目 □ 2回目 □ 3回目 □

Q18

Despite recent signs of recovery, analysts are not ------- the economy will grow significantly in the next quarter.

(A) allowed
(B) convinced
(C) sustained
(D) predicted

Ⓐ Ⓑ Ⓒ Ⓓ

できた…………○ あいまい………△ できなかった…×

1回目 □ 2回目 □ 3回目 □

Q17 正解 (C) 品詞の識別 ―――――――― 難易度 ★☆☆

ステップ1

選択肢には find を語幹とするさまざまな語形が並びます。空所の位置は The latest ------- about consumer behavior on rainy days are useful と、主語の中にあります。

ステップ2

空所は形容詞と前置詞に挟まれているので、入るのは名詞です。まず、動詞原形の (A) find と動詞三単現の (B) finds を外せます。

ステップ3

(C) findings も (D) finder も名詞ですが、findings は「調査結果」、finder は「発見者；ファインダー」です。「雨の日の消費者の行動に関する最新の〜」という文脈なので、(C) findings が正解です。

問題・選択肢

雨の日の消費者の行動に関する最新の調査結果は、私たちが新しい傘の商品ラインを開発するのに有益だ。

(A) find 動詞（原形）
(B) finds 動詞（三単現）
(C) findings 名詞
(D) finder 名詞

Q18 正解 (B) 動詞の選択 ―――――――― 難易度 ★★☆

ステップ1

空所の位置は analysts are not ------- the economy will grow significantly in the next quarter. で、空所に入る動詞の過去分詞を選ぶ問題です。

ステップ2

ポイントは、the economy 以下が that が省略された that 節になっているのに気づくことです。**すると、〈be 過去分詞 that〉の形がとれる過去分詞が必要なことがわかります。**

ステップ3

(B) の convince は他動詞で「確信させる」の意味で、convinced と過去分詞にして「確信した」になり、後ろに that 節を従えることができます。これが正解。 他の動詞は過去分詞にして that 節を従えることができません。

問題・選択肢

最近の回復の徴候にもかかわらず、アナリストたちは経済が次の四半期に大きく成長するとは確信していない。

(A) allowed 許された
(B) convinced 確信した
(C) sustained 維持された
(D) predicted 予測された

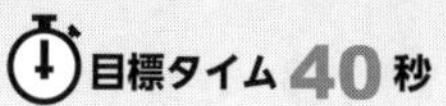

Q19

Moritz Kitchen Design and Rivetti Furniture are ------- Europe's most multiply awarded and highly regarded companies.

(A) within
(B) among
(C) one of
(D) across

Ⓐ Ⓑ Ⓒ Ⓓ

できた…………○ あいまい………△ できなかった…× | 1回目 | 2回目 | 3回目

Q20

------- from the cost, the city's master plan developed by the best architects appears to be perfect.

(A) Largely
(B) Apart
(C) Far
(D) Resulting

Ⓐ Ⓑ Ⓒ Ⓓ

できた…………○ あいまい………△ できなかった…× | 1回目 | 2回目 | 3回目

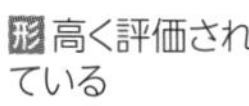

Q19
☐ highly regarded 形 高く評価されている

Q20
☐ appear to ～のように見える

Q19 正解 (B) 前置詞 (among) 難易度 ★★☆

ステップ1
選択肢には前置詞と one of が並んでいます。空所の位置は are ------- Europe's most multiply awarded and highly regarded companies. になっています。

ステップ2
この文は主語が Moritz Kitchen Design and Rivetti Furniture の2社で、「この2社がヨーロッパで最も受賞歴が多く、高く評価されている会社の中に入っている」という文脈であると想定できます。(C) one of は主語が1社なら成立しますが、ここでは2社なので文法的に不可です。

ステップ3
(B) among は「～に含まれて」と「同種のものへの所属」の意味で使えるので、これが正解です。 (A) within (～のうちに) は「範囲内」「時間内」を表し、文脈に合いません。(D) across は「(空間) にまたがって」「(一つのもの) の至る所に」などの意味で使い、この文脈に合う用法がありません。

問題・選択肢
モリッツ・キッチン・デザインとリベッティ家具は、ヨーロッパで最も受賞歴が多く、高く評価されている会社に含まれている。

(A) within ～のうちに　(B) among ～に含まれて
(C) one of ～の一つ　(D) across ～にまたがって；～の至る所に

Q20 正解 (B) イディオムの完成 難易度 ★★☆

ステップ1
空所は冒頭にあり、------- from the cost, となっています。選択肢には副詞と現在分詞が並びますが、形の上からはどれもよさそうなので文意を確認します。

ステップ2
主文は「最高の建築家たちが設計した市の基本計画は完ぺきのように見える」です。

ステップ3
この文と cost (経費) の関係を考えると、(B) Apart を選んで apart from (～を除いて) というイディオムをつくり、「経費を除けば」とするとうまくつながります。 (A) Largely では「主に経費から」、(C) Far では「経費どころか」、(D) Resulting では「経費の結果として」となり、いずれも主文とつながりません。

問題・選択肢
経費を除けば、最高の建築家たちが設計した市の基本計画は完ぺきのように見える。

(A) Largely 副詞 (主に)　(B) Apart 副詞 (除いて)
(C) Far 副詞 (離れて；どころか)　(D) Resulting 現在分詞 (結果として)

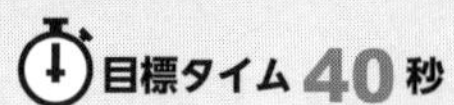

Q21

The two presidents will meet ------- a luncheon today to discuss the planned alliance.

(A) where
(B) at
(C) with
(D) having

Ⓐ Ⓑ Ⓒ Ⓓ

できた…………○ / あいまい………△ / できなかった…×

1回目	2回目	3回目
□	□	□

Q22

The Comstock Plaza has three ------- rooms available, the largest of which can accommodate up to 300 guests.

(A) supply
(B) commuting
(C) cupboard
(D) function

できた…………○ / あいまい………△ / できなかった…×

1回目	2回目	3回目
□	□	□

単語の意味

Q21
□ alliance 名 提携

Q22
□ accommodate 他 収容する

Q21 正解 (B) 前置詞 (at) 難易度 ★☆☆

ステップ1

選択肢には関係副詞、前置詞、現在分詞が混在します。空所の位置は The two presidents will meet ------- a luncheon today です。

ステップ2

空所の後は名詞なので、関係副詞を入れる余地はなく、まず (A) where を外せます。また、現在分詞の (D) having は having a luncheon は成立しますが、カンマなしで meet とつながりません。

ステップ3

この文脈では「2人の社長は昼食会で会う」となるはずなので、「活動・行事」を導く前置詞の (B) at が正解です。 (C) with は luncheon の意味を知らないと選んでしまうかもしれません。

問題・選択肢

その2人の社長は、計画されている提携について話し合うために今日、昼食会で会う。

(A) where 関係副詞　(B) at 前置詞
(C) with 前置詞　(D) having 現在分詞

Q22 正解 (D) 名詞の選択 難易度 ★★☆

ステップ1

空所はカンマまでの前半にあり、The Comstock Plaza has three ------- rooms available, となっています。rooms と組み合わせて使う名詞が必要だとわかります。

ステップ2

カンマの後は「その最大のものは300人までのゲストを収容できる」の意味です。

ステップ3

The Comstock Plaza がホテルや市民公会堂のような施設だとすると、その中にある「会議・会食室」が想定できるので、(D) を選んで function rooms とします。 (A) supply は room と組み合わせることができますが、supply room は「備品室」の意味で、この文に合いません。他の選択肢は room と組み合わせることができません。

問題・選択肢

コムストック・プラザは3つの会議室が利用でき、その最大のものは300人までのゲストを収容できる。

(A) supply 備品　(B) commuting 通勤
(C) cupboard 戸棚　(D) function 会議；会食

Q23

------- it has many interesting cultural sites and excellent restaurants, the town of Digby does not attract many tourists.

(A) Assuming
(B) Besides
(C) Even
(D) Though

Ⓐ Ⓑ Ⓒ Ⓓ

できた ……… ○
あいまい ……… △
できなかった … ×

1回目	2回目	3回目
□	□	□

Q24

To date, sales of Galara's new GX8 smartphone have been disappointing ------- a high-profile marketing campaign to promote its release.

(A) in spite of
(B) other than
(C) on account of
(D) nevertheless

Ⓐ Ⓑ Ⓒ Ⓓ

できた ……… ○
あいまい ……… △
できなかった … ×

1回目	2回目	3回目
□	□	□

単語の意味

Q23
□ attract 他 引きつける

Q24
□ high-profile 形 注目を浴びる；大々的な

Q23 正解 (D) 接続詞 (though) ―――― 難易度 ★★☆

ステップ1

選択肢には接続詞、前置詞、副詞が混在しています。空所は前半の ------- it has many interesting cultural sites and excellent restaurants, にあります。

ステップ2

空所の次は文になっているので、前置詞や副詞では後半につながりません。まず、前置詞の (B) Besides と副詞の (C) Even を外せます。文意を見ると、カンマまでの前半は「多くの興味深い文化スポットと優良なレストランがある」、後半は「ディグビー町は多くの旅行客を引きつけていない」です。

ステップ3

前後半は逆接の関係なので、逆接の従位接続詞の (D) Though（〜だけれども）が正解です。(A) Assuming は「〜を想定すると」と仮定の機能なので、ここで使っても意味をなしません。

問題・選択肢

ディグビー町は、多くの興味深い文化スポットと優良なレストランがあるけれども、多くの旅行客を引きつけていない。

(A) Assuming 接続詞（〜を想定すると） (B) Besides 前置詞（〜の他に）
(C) Even 副詞（〜でさえ） (D) Though 接続詞（〜だけれども）

Q24 正解 (A) イディオムの選択 ―――― 難易度 ★★☆

ステップ1

選択肢にはイディオムと副詞が混在しています。空所の位置は disappointing ------- a high-profile marketing campaign to promote its release. です。

ステップ2

空所は補語の形容詞と名詞の間にあり、この位置に文脈を制御する接続副詞が入ることはありません。まず、(D) nevertheless を外せます。文意は、空所までの前半は「これまでのところ、ガララの新しいGX8スマートフォンの売り上げは失望を招く結果になっている」、空所以降は「発売を宣伝する大々的なマーケティング・キャンペーン〜」です。

ステップ3

前後は逆接の関係なので、(A) in spite of（〜にもかかわらず）が適切です。

問題・選択肢

これまでのところ、ガララの新しいGX8スマートフォンの売り上げは、発売を宣伝する大々的なマーケティング・キャンペーンにもかかわらず、失望を招く結果になっている。

(A) in spite of 〜にもかかわらず (B) other than 〜の他に
(C) on account of 〜のために (D) nevertheless それでもなお

Q25

The individuals who have contributed to the documentary film "Climate Crisis" are far too ------- to mention.

(A) renowned
(B) comprehensive
(C) voluntary
(D) numerous

Ⓐ Ⓑ Ⓒ Ⓓ

できた…………○
あいまい………△
できなかった…×

1回目	2回目	3回目
□	□	□

Q26

Saori Renard will be a valuable ------- to the department because she is young and motivated and has three years' experience in marketing.

(A) energy
(B) asset
(C) legacy
(D) name

Ⓐ Ⓑ Ⓒ Ⓓ

できた…………○
あいまい………△
できなかった…×

1回目	2回目	3回目
□	□	□

単語の意味

Q25
□ mention 他 言及する；名前を挙げる

Q26
□ motivated 形 やる気のある

Q25 正解 (D) 形容詞の選択 ―――――― 難易度 ★★★

ステップ1

形容詞を選ぶ問題で、空所の位置は are far too ------- to mention. となっています。far は too を強調していて、ここの意味は「あまりに～すぎて述べられない」です。

ステップ2

この文の主語は「ドキュメンタリー映画『気候危機』に貢献してくれた人たち」なので、その人たちを述べられない理由を考えます。

ステップ3

「数が多すぎて述べられない（名前を挙げられない）」とすればうまくつながるので、(D) numerous を選びます。(B) comprehensive（包括的な）や (C) voluntary（自発的な）は文脈に合いません。(A) renowned（著名な）でも「あまりに著名すぎて名前を挙げられない」と論理的におかしくなります。

問題・選択肢

ドキュメンタリー映画『気候危機』に貢献してくれた人たちはあまりにも数が多く名前を挙げることができません。

(A) renowned　著名な　　(B) comprehensive　包括的な
(C) voluntary　自発的な　　(D) numerous　数が多い

Q26 正解 (B) 名詞の選択 ―――――― 難易度 ★★☆

ステップ1

空所の位置は Saori Renard will be a valuable ------- to the department です。

ステップ2

Saori Renard を表現する名詞で、かつ valuable（価値ある）で修飾できるものが必要です。

ステップ3

(B) asset は「資産」の意味ですが、「人的資産」＝「人材」としても使えるので、ここでは「部にとって価値ある人材」と適切な表現になります。(A) energy や (D) name は valuable で修飾するのに無理があり、to 以下ともうまくつながりません。(C) legacy は「遺産」の意味で、人を表すことができないので不可です。

問題・選択肢

サオリ・ルナールは、若くてやる気があり、マーケティングに3年の経験をもっているので、部にとって価値ある人材になるだろう。

(A) energy　エネルギー　　(B) asset　人材
(C) legacy　遺産　　(D) name　名前

Q27

Thanks to our team's HR skills and industry knowledge, Goldman Solutions is ------- positioned to help meet your manufacturing recruitment needs.

(A) identically
(B) mutually
(C) nearly
(D) ideally

Ⓐ Ⓑ Ⓒ Ⓓ

できた…………○ あいまい………△ できなかった…× 1回目 2回目 3回目

Q28

One of the themes of the next meeting is to clarify the design ------- of the condominium in order to start its construction next month.

(A) landmark
(B) specifications
(C) figures
(D) craftsmanship

Ⓐ Ⓑ Ⓒ Ⓓ

できた…………○ あいまい………△ できなかった…× 1回目 2回目 3回目

単語の意味

Q28

□ clarify 他 明確にする
□ condominium 名 分譲マンション

Q27 正解 (D) 副詞の選択 ———————— 難易度 ★★☆

ステップ1

空所の位置は Goldman Solutions is ------ positioned で、過去分詞 positioned を修飾するのに適切な副詞を選ぶ問題です。

ステップ2

前後を見ると、カンマまでは「我々のチームの人事のスキルと業界知識のおかげで」、to の後は「御社の製造業界の採用ニーズに応えるのに」という意味です。

ステップ3

(D) ideally を入れると「理想的に位置している」となって、会社を宣伝する文として適切なものになります。 (A) identically（まったく同じに）は文意に合いません。(B) mutually（相互に）や (C) nearly（ほとんど）は文意に合わないうえ、positioned を修飾するにも不適切です。

問題・選択肢

我々のチームの人事のスキルと業界知識のおかげで、ゴールドマン・ソリューションズは、御社の製造業界の採用ニーズに応えるのに理想的な立場にある。

(A) identically　まったく同じに　　(B) mutually　相互に
(C) nearly　ほとんど　　(D) ideally　理想的に

Q28 正解 (B) 名詞の選択 ———————— 難易度 ★★☆

ステップ1

空所の位置は One of the themes of the next meeting is to clarify the design ------ of the condominium です。

ステップ2

この部分の意味は「次の会議のテーマの一つはその分譲マンションの設計の～を明確にすることだ」です。「分譲マンションの設計の何を明確にするか」を考えます。

ステップ3

(B) specifications には「仕様」の意味があるので、design specifications で「設計の仕様」となり、これが適切です。 (A) landmark（目印；史跡）、(C) figures（数字；図像）、(D) craftsmanship（職人技）は「分譲マンションの設計」とつながらず、全体の文意にも合いません。

問題・選択肢

来月に建設工事を始めるために、次の会議のテーマの一つはその分譲マンションの設計の仕様を明確にすることだ。

(A) landmark　目印；史跡　　(B) specifications　仕様
(C) figures　数字；図像　　(D) craftsmanship　職人技

Q29

The authority for deciding on the Silver Bridge construction will be ------- to Mr. Taylor while Ms. Collins is in Europe.

(A) relocated
(B) converted
(C) delegated
(D) exchanged

Ⓐ Ⓑ Ⓒ Ⓓ

できた…………○ あいまい………△ できなかった…× 1回目 2回目 3回目

Q30

The recent survey revealed some untapped segments of the market that might ------- have been overlooked.

(A) so far
(B) thus
(C) otherwise
(D) accordingly

Ⓐ Ⓑ Ⓒ Ⓓ

できた…………○ あいまい………△ できなかった…× 1回目 2回目 3回目

単語の意味

Q29
☐ authority 名 決定権；権限

Q30
☐ untapped 形 手つかずの
☐ segmen 名 区分；セグメント
☐ overlook 他 見過ごす

Q29 正解 (C) 動詞の選択 ―――――― 難易度 ★★★

ステップ1

選択肢には動詞の過去分詞が並んでいて、空所の位置は The authority for deciding on the Silver Bridge construction will be ------- to Mr. Taylor です。

ステップ2

while 以下は「コリンズさんがヨーロッパにいる間」なので、文脈から The authority（権限）は Mr. Taylor に「委譲される」と考えられます。

ステップ3

(C) の delegate には「委譲する」の意味があるので、これが適切です。 (A) の relocate は「移転する」の意味で、この文には不適。(B) の convert は「転換する；改造する」、(D) の exchange は「交換する」でいずれも権限を委譲する文脈には合いません。

問題・選択肢

シルバー・ブリッジ建設についての決定権は、コリンズさんがヨーロッパにいる間はテイラーさんに委譲される。

(A) relocated　移転される　(B) converted　転換される；改造される
(C) delegated　委譲される　(D) exchanged　交換される

Q30 正解 (C) 副詞の選択 ―――――― 難易度 ★★★

ステップ1

空所は後半の that 節の中にあり、that might ------- have been overlooked. となっています。空所に入るのに適切な副詞を選ぶ問題です。

ステップ2

この that 節の意味は「見過ごされたかもしれない」で、主節は「最近の調査は、手つかずの市場セグメントを明らかにした」です。主節と that 節の論理を考えれば、「調査がなければ見過ごされたかもしれない」となるはずです。

ステップ3

この「調査がなければ」は、「そうでなければ」の意味の副詞である (C) otherwise で表せます。

問題・選択肢

最近の調査は、それがなければ見過ごされたかもしれない手つかずの市場セグメントを明らかにした。

(A) so far　これまでのところ　(B) thus　このように
(C) otherwise　そうでなければ　(D) accordingly　それに応じて

900点レベル

DAY 4

実戦練習 No.4

30問

（解答時間）

目標タイム 10分

✓ Part 5 に出る全種の問題をランダムに出題しています。本番の Part 5 を解くつもりで、時間も意識しながら解答してみましょう。

✓ 問題を解いたら、解説を読んでしっかり理解しておきましょう。また、日をおいて、2 回、3 回とトライしてみましょう。

✓ 成果を記入してみましょう。3 回分、記入できるようになっています。

	1st TRY	2nd TRY	3rd TRY
Score	／30問	／30問	／30問
Time	分　　秒	分　　秒	分　　秒

Q1

Mayfield International has hired Evan Pratt, a brilliant corporate lawyer, to defend ------- in the lawsuit.

(A) both
(B) the one
(C) it
(D) him

Ⓐ Ⓑ Ⓒ Ⓓ

できた…………○　1回目　2回目　3回目
あいまい………△
できなかった…×

Q2

All the division staff must work at the designated area in the head office ------- renovations to the laboratory are being implemented.

(A) during
(B) through
(C) while
(D) after

できた…………○　1回目　2回目　3回目
あいまい………△
できなかった…×

単語の意味

Q1
□ lawsuit 名 裁判

Q2
□ implement 形 実行する

Q1 正解 (C) 代名詞 (it) —— 難易度 ★★☆

ステップ1

空所はカンマの後の不定詞句にあり、to defend ------- in the lawsuit. となっています。「裁判でだれを弁護するか」を考えます。

ステップ2

代名詞で受けられるものは、Mayfield International という会社と Evan Pratt という弁護士です。

ステップ3

弁護するのは弁護士なので、その対象はこの会社のはずです。Mayfield International は目的格の it で受けることになるので (C) が正解です。 (D) him では弁護士が自分を弁護することになって不可。(A) both だと会社と弁護士の両方を弁護することになり理屈に合いません。(B) the one は前出の単数名詞の言い換えに使いますが、この文で該当するのは lawyer しかなく文意に合いません。

問題・選択肢

メイフィールド・インターナショナルは、裁判で同社を弁護してもらうために、敏腕の企業弁護士であるエヴァン・プラットを雇った。

(A) both 不定代名詞　(B) the one the + 不定代名詞
(C) it 三人称単数　(D) him 三人称単数

Q2 正解 (C) 接続詞 (while) —— 難易度 ★★☆

ステップ1

選択肢には前置詞と接続詞が混在しています。空所の位置は ------- renovations to the laboratory are being implemented. です。

ステップ2

空所に続くのは renovations to the laboratory を主語とする文です。よって、入るのは接続詞なので、まず前置詞の (A) during と (B) through を外せます。

ステップ3

文意は前半が「すべての部門のスタッフは本社の指定された場所で仕事をしなければならない」、空所のある後半は「研究所の改修工事が行われている～」です。**後半に進行形が使われていることからも「継続時間」を示す接続詞が必要なので、(C) while（～の間）が正解です。** (D) after（～の後で）は文脈に合いません。

問題・選択肢

研究所の改修工事が行われている間は、すべての部門のスタッフは本社の指定された場所で仕事をしなければならない。

(A) during 前置詞（～の間）　(B) through 前置詞（～を通して）
(C) while 接続詞（～の間）　(D) after 前置詞・接続詞（～の後で）

Q3

One of the objectives the company has set for this year is to establish an even ------- relationship between the research institutes in Japan and India.

(A) strong
(B) stronger
(C) strongest
(D) the strongest

Ⓐ Ⓑ Ⓒ Ⓓ

できた…………○　1回目　2回目　3回目
あいまい………△
できなかった…×

Q4

Kasahara Development's commitment to supporting various non-profit organizations in the local community ------- donating funds and participating in volunteer activities is admirable.

(A) when
(B) into
(C) by
(D) rather than

Ⓐ Ⓑ Ⓒ Ⓓ

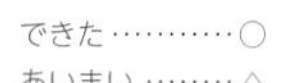
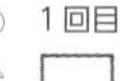

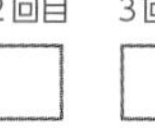

できた…………○　1回目　2回目　3回目
あいまい………△
できなかった…×

単語の意味

Q3

☐ objective　名 目標
☐ research institute　研究所

Q3 正解 (B) 比較表現 ——— 難易度 ★☆☆

ステップ1

選択肢には形容詞 strong の原級と比較表現が並びます。空所は不定詞の中にあり、to establish an even ------- relationship となっています。

ステップ2

ポイントは直前の even で、この副詞には「さらに；ずっと」をいう意味で比較級を強調する用法があります。

ステップ3

よって、比較級の (B) stronger が正解です。 同様の用途で still や yet も使えます。なお、even には原級を修飾する用法もありますが、それは前出の形容詞を言い換えて、「実際は；むしろ」の意味で使うときです。

問題・選択肢

会社が設定した今年の目標の一つは、日本とインドの研究所の間にさらに強力な関係を構築することだ。

(A) strong 原級 (B) stronger 比較級
(C) strongest 最上級 (D) the strongest the + 最上級

Q4 正解 (C) 前置詞 (by) ——— 難易度 ★★☆

ステップ1

空所は長い主語の中にあり、Kasahara Development's commitment to supporting various non-profit organizations in the local community ------- donating funds and participating in volunteer activities となっています。

ステップ2

空所の前にある supporting ～と、空所の後にある donating ～ and participating ～の関係を見極めるのがポイントです。

ステップ3

「献金したりボランティア活動に参加したりすること」は「地元社会のさまざまな非営利団体を支援すること」の「手段」と考えて (C) by を選びます。 (A) when は現在分詞を続けられますが、when（～しているとき）で前後の行動をつないでも適切な文意になりません。(B) into では「手段」を表せません。(D) rather than では前後を比較することになり、文脈に合いません。

問題・選択肢

献金したりボランティア活動に参加したりすることによって地域社会のさまざまな非営利団体を支援するカサハラ・デベロプメントの取り組みは、称賛に値するものだ。

(A) when ～しているとき (B) into ～の中に
(C) by ～（すること）によって (D) rather than ～よりむしろ

Q5

Evergreen Biochemical will hire 150 new employees ------- to expand its research facility in the Technological Development Zone.

(A) entirely
(B) respectively
(C) locally
(D) reasonably

Ⓐ Ⓑ Ⓒ Ⓓ

できた…………○ 1回目 2回目 3回目
あいまい………△
できなかった…×

Q6

The aim of our parental ------- program is to educate parents and help them raise their children properly.

(A) encourage
(B) encourages
(C) encouraged
(D) encouragement

Ⓐ Ⓑ Ⓒ Ⓓ

できた…………○ 1回目 2回目 3回目
あいまい………△
できなかった…×

単語の意味

Q6
□ parental 形 親の
□ raise 他 (子供を) 育てる

Q5 正解 (C) 副詞の選択 ―――――――――― 難易度 ★★☆

ステップ1

空所の位置は Evergreen Biochemical will hire 150 new employees ------- で、新入社員を採用する様態を表す副詞を選ぶ問題です。

ステップ2

to 以下の不定詞の部分は「技術開発区の研究施設を拡張するために」です。(A) entirely（全面的に）や (D) reasonably（おおむね；理性的に）は「採用する」と相性が悪いので、まず外します。

ステップ3

(B) respectively（それぞれ）は「採用する」との相性は問題ありませんが、文脈上、何に対してそれぞれかわからないので、これも不可。**(C) locally（地元で）は「(技術開発区のある) 地元で採用する」という適切な文脈をつくれるので、これが正解です。**

問題・選択肢

エバーグリーン・バイオケミカルは、技術開発区の研究施設を拡張するために地元で150人の新入社員を採用する。

(A) entirely 全面的に
(B) respectively それぞれ
(C) locally 地元で
(D) reasonably おおむね；理性的に

Q6 正解 (D) 品詞の識別 ―――――――――― 難易度 ★★☆

ステップ1

選択肢には encourage が語幹の動詞の変化形と名詞が並びます。空所は主語の中にあり、The aim of our parental ------- program となっています。

ステップ2

空所は形容詞と名詞に挟まれているので、動詞そのものは使えません。(A) encourage と (B) encourages をまず外せます。(C) encouraged では「元気づけられた」で、修飾する対象は人でないといけません。これも不可。

ステップ3

(D) encouragementを入れると、parental encouragement program で「親支援プログラム」という適切な表現になるので、これが正解です。

問題・選択肢

私たちの親支援プログラムの目的は、親を教育して、彼らが適切に子育てをするのを助けることです。

(A) encourage 動詞（原形）
(B) encourages 動詞（三単現）
(C) encouraged 過去分詞
(D) encouragement 名詞

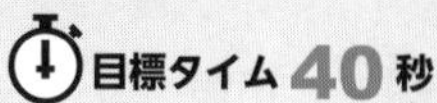

Q7

Misty Morning's new line of jackets is famous for its innovative ------- of recycled and waste fabrics.

(A) exclusion
(B) method
(C) coverage
(D) incorporation

Ⓐ Ⓑ Ⓒ Ⓓ

できた…………○ あいまい………△ できなかった…×	1回目	2回目	3回目
	□	□	□

Q8

Before proceeding with it, we should define the ------- of the consumer survey more accurately.

(A) practice
(B) drive
(C) results
(D) scope

できた…………○ あいまい………△ できなかった…×	1回目	2回目	3回目
	□	□	□

単語の意味

Q7
□innovative 形 革新的な
□fabric 名 繊維

Q8
□proceed with ～を進める
□define 他 決める；明確にする

Q7 正解 (D) 名詞の選択 ――― 難易度 ★★★

ステップ1

空所の位置は its innovative ------- of recycled and waste fabrics. で、ここの意味は「再生繊維や廃棄繊維のその革新的な〜」です。

ステップ2

前半の文意は「ミスティ・モーニングの新しいジャケットの商品ラインは有名だ」なので、「再生繊維や廃棄繊維のその革新的な〜」はジャケットの製法のことだと考えられます。

ステップ3

(D) incorporation は動詞 incorporate（組み込む）の名詞形で「組み込むこと」の意味で、「再生繊維や廃棄繊維のその革新的な組み込み」となって、文意が通ります。これが正解です。他の選択肢では適切な表現をつくれません。

問題・選択肢

ミスティ・モーニングの新しいジャケットの商品ラインは、再生繊維や廃棄繊維のその革新的な組み込みで有名だ。

(A) exclusion 排除　(B) method 手段
(C) coverage 適用範囲　(D) incorporation 組み込み

Q8 正解 (D) 名詞の選択 ――― 難易度 ★★☆

ステップ1

空所の位置は we should define the ------- of the consumer survey more accurately. となっています。

ステップ2

ここの文意は「私たちは消費者調査の〜をもっと正確に決めるべきだ」です。また、カンマまでの冒頭部分は「それを進める前に」です。「進める前に消費者調査の何を決めるか」を考えます。

ステップ3

(D) scope は「範囲」の意味で、これを入れれば「消費者調査の範囲を決める」と適切な文意になります。これが正解。(C) results では「消費者調査の結果」となり、「それを進める前に」と矛盾します。(A) practice（実行；行為）、(B) drive（取り組み）では適切な文になりません。

問題・選択肢

それを進める前に、私たちは消費者調査の範囲をもっと正確に決めるべきだ。

(A) practice 実行；行為　(B) drive 取り組み
(C) results 結果　(D) scope 範囲

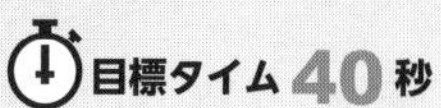

Q9

Whenever a worker on the production line is concerned about a potential safety or quality issue, the supervisor ------- of the matter immediately.

(A) to be notified
(B) was notified
(C) should be notified
(D) should notify

Ⓐ Ⓑ Ⓒ Ⓓ

できた…………○　1回目　2回目　3回目
あいまい………△
できなかった…×

Q10

The conclusion of the meeting is that the automobile market could go ------- way depending on consumer buying sentiment after the tax raise.

(A) both
(B) either
(C) possible
(D) whichever

Ⓐ Ⓑ Ⓒ Ⓓ

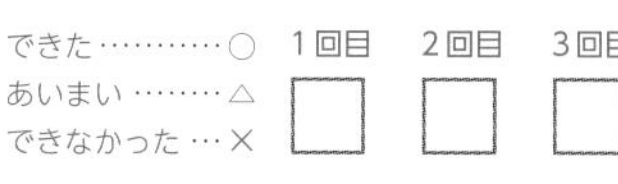

単語の意味

Q10
□ conclusion　名 結論
□ buying sentiment　購買意欲

Q9 正解 (C) 動詞の形 ———— 難易度 ★★☆

ステップ1

選択肢には動詞 notify のさまざまな形が並んでいます。空所は後半の主節にあり、the supervisor ------- of the matter immediately. となっています。意味は「管理者はその問題をすぐに～」です。

ステップ2

前半の従属節は「生産ラインの労働者が安全や品質に問題がありそうだと懸念を覚えたときはいつでも」となっています。

ステップ3

労働者は懸念を覚えたらいつでも管理者に伝えるべきですが、主節は管理者が主語なので、「管理者は伝えられるべき」と受け身でないといけません。よって、〈should＋受動態〉の (C) should be notifiedが正解です。(B) は受け身ですが過去形なので、これから起こる事態を想定している現在形の従属節と合いません。

問題・選択肢

生産ラインの労働者が安全や品質に問題がありそうだと懸念を覚えたときはいつでも、管理者はその問題を即座に伝えられるべきだ。

(A) to be notified　不定詞（受動態）　(B) was notified　過去形（受動態）
(C) should be notified　should ＋ 受動態　(D) should notify　should ＋ 能動態

Q10 正解 (B) 形容詞の選択 ———— 難易度 ★★☆

ステップ1

空所は that 節の中にあり、the automobile market could go ------- way となっています。

ステップ2

depending 以下も含めて文意を見ると、「自動車市場は増税後の消費者の購買意欲によって～方向にも動きうる」です。

ステップ3

「どちらの方向にも動きうる」となりそうですが、(A) both（両方の）は後が複数名詞でないといけないので、不可。**(B) either は単数名詞を修飾して「どちらの」の意味を出せるので、これが正解です。**(C) possible（可能な；起こりうる）は way と結びついても、この文脈には合いません。(D) whichever は「どちらの」の意味の関係形容詞としては譲歩を導く節で用い、way 単独を修飾できません。

問題・選択肢

会議の結論は、自動車市場は増税後の消費者の購買意欲によってどちらの方向にも動きうるというものだ。

(A) both　両方の　(B) either　どちらの（～でも）
(C) possible　可能な；起こりうる　(D) whichever　どちらの（～でも）

Q11

With Fogerty Investment's new app, clients can access real-time stock market information ------- they are by using a mobile device.

(A) while
(B) though
(C) around
(D) wherever

Ⓐ Ⓑ Ⓒ Ⓓ

できた………○ あいまい………△ できなかった…× 1回目 2回目 3回目

Q12

------- from Ariana Newman's Atlanta concert will go to some charity organizations such as Save the Children North America.

(A) Budgets
(B) Proceeds
(C) Interests
(D) Reimbursements

Ⓐ Ⓑ Ⓒ Ⓓ

できた………○ あいまい………△ できなかった…× 1回目 2回目 3回目

Q11 正解 (D) 接続詞 (wherever) ——— 難易度 ★★☆

ステップ1

選択肢には接続詞と前置詞が混在しています。空所の位置は clients can access real-time stock market information ------- they are by using a mobile device. となっています。

ステップ2

空所の後は文が続くので、まず前置詞の (C) around を外せます。文の構造を見ると、by using a mobile device は access にかかり、------- they are は挿入された要素と考えられます。

ステップ3

意味は「顧客は彼らがいる〜携帯機器を使って最新の株式市場の情報にアクセスできる」なので、(D) wherever (〜どこででも) を入れると、「顧客は (彼らは) どこにいても」となって文意が通ります。 (A) while (〜の間) や (B) though (〜だけれども) では、適切な文意になりません。

問題・選択肢

フォジャーティ・インベストメントの新しいアプリを使えば、顧客はどこにいても携帯機器を使って最新の株式市場の情報にアクセスできる。

(A) while 接続詞 (〜の間)　(B) though 接続詞 (〜だけれども)
(C) around 前置詞 (〜のまわりに)　(D) wherever 接続詞 (〜どこででも)

Q12 正解 (B) 名詞の選択 ——— 難易度 ★★☆

ステップ1

選択肢にはお金がらみの名詞が並びます。空所は主語の冒頭にあり、------- from Ariana Newman's Atlanta concert となっています。

ステップ2

主語の意味は「アリアナ・ニューマンのアトランタ・コンサートからの〜」です。これが「セイブ・チルドレン・ザ・ノースアメリカなどの慈善団体に行く」のです。

ステップ3

それぞれの意味は (A) Budgets (予算)、(B) Proceeds (収益)、(C) Interests (金利)、(D) Reimbursements (払い戻し) なので、(B) が正解です。

問題・選択肢

アリアナ・ニューマンのアトランタ・コンサートからの収益は、セイブ・ザ・チルドレン・ノースアメリカなどの慈善団体に寄付されます。

(A) Budgets 予算　(B) Proceeds 収益
(C) Interests 金利　(D) Reimbursements 払い戻し

Q13

Although his ------- today rests primarily on his paintings, Alphonse Beaulieu explored genres as diverse as poetry, photography, and jazz music during his artistic career.

(A) specialty
(B) talent
(C) reputation
(D) portfolio

Ⓐ Ⓑ Ⓒ Ⓓ

できた …………○　あいまい ………△　できなかった …×

1回目	2回目	3回目

Q14

The director would like to see ------- evidence that the new dishwasher that is set to be launched next month will sell well.

(A) convince
(B) convincing
(C) convinced
(D) conviction

Ⓐ Ⓑ Ⓒ Ⓓ

できた …………○　あいまい ………△　できなかった …×

1回目	2回目	3回目

単語の意味

Q13
□ rest on　～に依拠する
□ explore　他 探求する

Q14
□ evidence　名 証拠
□ launch　他 発売する

Q13 正解 (C) 名詞の選択 ——— 難易度 ★★☆

ステップ1

空所は従属節にあり、Although his ------- today rests primarily on his paintings, となっています。

ステップ2

ここは「彼の～は今日、主に絵画によるものだが」という意味です。「彼の何が絵画による（依拠する)」のかを考えます。

ステップ3

(C) reputation（名声）を選べば「彼の名声は今日、主に絵画によるものだが」と適切な文になり、主節の「キャリアの中で詩や写真、ジャズ音楽などの多彩なジャンルを探求した」にもうまくつながります。(A) specialty（得意分野)、(B) talent（才能)、(D) portfolio（作品集）はいずれも「絵画による（依拠する)」と表現できません。

問題・選択肢

彼の名声は今日、主に絵画によるものだが、アルフォンス・ボーリウは芸術家としてのキャリアの中で詩や写真、ジャズ音楽などの多彩なジャンルを探求した。

(A) specialty　得意分野　(B) talent　才能
(C) reputation　名声　(D) portfolio　作品集

Q14 正解 (B) 品詞の識別 ——— 難易度 ★★☆

ステップ1

選択肢には動詞 convince の変化形と名詞が並びます。空所の位置は The director would like to see ------- evidence です。すでに動詞 see があるので、空所に動詞がくることはなく、まず (A) convince を外せます。

ステップ2

空所の次は evidence（証拠）なので、evidence との組み合わせを考えます。

ステップ3

動詞 convince は「説得させる」の意味で、現在分詞の convincing で「説得させる」→「説得力のある」、過去分詞の convinced で「説得させられた」→「納得した」なので、現在分詞が適切です。(B) が正解。なお、名詞の (D) conviction は「確信」の意味で、evidence と結びついて意味のある表現をつくれません。

問題・選択肢

取締役は、来月発売される予定の新しい食洗機がよく売れるという説得力のある証拠を見たいと思っている。

(A) convince　動詞（原形)　(B) convincing　現在分詞
(C) convinced　過去分詞　(D) conviction　名詞

Q15

One of Mr. Yanase's weekly duties is to ------- his supervisor about the latest news on the clothing and apparel market.

(A) share
(B) summarize
(C) discuss
(D) brief

Ⓐ Ⓑ Ⓒ Ⓓ

できた…………○ あいまい ………△ できなかった …×

1回目	2回目	3回目
□	□	□

Q16

Make sure the estimate you issue is itemized and shows the individual price of each job that -------.

(A) has been done
(B) doing
(C) will do
(D) will be done

Ⓐ Ⓑ Ⓒ Ⓓ

できた…………○ あいまい ………△ できなかった …×

1回目	2回目	3回目
□	□	□

単語の意味

Q16
□itemize 他 項目分けする

Q15 正解 (D) 動詞の選択 ―――――――― 難易度 ★★★

ステップ1

空所の位置は One of Mr. Yanase's weekly duties is to ------ his supervisor で、この部分は「ヤナセさんの毎週の仕事の１つは上司に～することである」の意味です。

ステップ2

ポイントは目的語として his supervisor という人が続いていることです。(A) share（共有する）、(B) summarize（要約する）、(C) discuss（話し合う）はいずれも目的語にはモノ・事をとり、人をとることはできません。

ステップ3

(D) brief（手短に説明する）は〈brief 人 about/on モノ・事〉の形で使うので、これが正解になります。

問題・選択肢

ヤナセさんの毎週の仕事の１つは、洋服と衣類の市場の最新ニュースについて上司に手短に説明することである。

(A) share　共有する　　(B) summarize　要約する
(C) discuss　話し合う　　(D) brief　手短に説明する

Q16 正解 (D) 動詞の形 ―――――――― 難易度 ★★☆

ステップ1

選択肢には動詞 do のさまざまな形が並びます。空所は and で区切られた後半にあり、and shows the individual price of each job that -------. となっています。

ステップ2

空所の主語に当たるのは先行詞である each job で、「仕事は行われる」と受け身でなければならないので、候補は (A) has been done と (D) will be done に絞れます。

ステップ3

また、前半に the estimate（見積もり）とあることから、この仕事はこれから行われるものです。よって、未来形で受け身の (D) が正解になります。

問題・選択肢

あなたが発行する見積もりが項目分けされていて、行われる予定のそれぞれの業務の個別の価格を表示していることを確認してください。

(A) has been done　現在完了形（受動態）　　(B) doing　現在分詞
(C) will do　未来形（能動態）　　(D) will be done　未来形（受動態）

Q17

Flobo Solutions continues to ------- its marketing strategy by regularly analyzing sales activity data in order to determine the most effective means of generating leads.

(A) compare
(B) designate
(C) refine
(D) attract

Ⓐ Ⓑ Ⓒ Ⓓ

できた …………○
あいまい ………△
できなかった …×

1回目	2回目	3回目

Q18

The city council has been discussing the possibility of further developing the train network for years, but there are no concrete expansion plans -------.

(A) as a rule
(B) at present
(C) simultaneously
(D) by the way

Ⓐ Ⓑ Ⓒ Ⓓ

できた …………○
あいまい ………△
できなかった …×

1回目	2回目	3回目

単語の意味

Q17
□ generate leads　見込み客を獲得する

Q18
□ city council　市議会
□ concrete　形 具体的な

Q17 正解 (C) 動詞の選択 ―――――― 難易度 ★★☆

ステップ1

空所の位置は Flobo Solutions continues to ------- its marketing strategy で、marketing strategy（販促戦略）を目的語に取れる動詞を探します。

ステップ2

また、by 以下の文意は「見込み客を獲得する最も効果的な方策を決定するために定期的に販売活動データを分析することによって」です。

ステップ3

by 以下のような方策をとって、「販促戦略をどうするか」を考えると (C) refine（洗練する）が最適です。(B) designate（指示する）や (D) attract（引きつける）は「販売戦略」との相性も悪く、文脈にも合いません。(A) compare には複数の比較対象が必要ですが、marketing strategy は一つなので不可です。

問題・選択肢

フロボ・ソリューションズは、見込み客を獲得する最も効果的な方策を決定するために定期的に販売活動データを分析することによって、その販促戦略を洗練し続けている。

(A) compare 比較する　(B) designate 指示する
(C) refine 洗練する　(D) attract 引きつける

Q18 正解 (B) イディオムの選択 ―――――― 難易度 ★★☆

ステップ1

選択肢には副詞と副詞系のイディオムが並びます。空所はカンマの後の文にあり、but there are no concrete expansion plans -------. となっています。ここの意味は「しかし、～具体的な拡大計画は存在しない」です。

ステップ2

前半の文は「市議会は数年かけて電車路線をさらに発展させる可能性を検討している」の意味です。

ステップ3

「具体的な拡大計画は存在しない」様態を表す副詞表現で、前半ともうまくつながるのは (B) at present（今のところ）だけです。(A) as a rule（原則として）では、前半の「検討してきた」という内容と矛盾します。(C) simultaneously では何と同時なのか不明です。(D) by the way（ところで）では but と接続表現が重複し、またこれは文末の位置で使うこともできません。

問題・選択肢

市議会は数年かけて電車路線をさらに発展させる可能性を検討しているが、今のところ具体的な拡大計画は存在しない。

(A) as a rule 原則として　(B) at present 今のところ
(C) simultaneously 同時に　(D) by the way ところで

目標タイム 40 秒

Q19

While Jetcom recently adjusted its fees to reflect increasing operating costs, its services remain highly affordable ------- compared to its main competitors' plans.

(A) when
(B) but
(C) in
(D) while

Ⓐ Ⓑ Ⓒ Ⓓ

できた ………… ○
あいまい ……… △
できなかった … ×

1回目 □ 2回目 □ 3回目 □

Q20

The Urban Planning Committee has requested that a more detailed survey of the proposed waterfront development project's impact on the local ecosystem -------.

(A) carries out
(B) be carried out
(C) would be carried out
(D) has been carried out

Ⓐ Ⓑ Ⓒ Ⓓ

できた ………… ○
あいまい ……… △
できなかった … ×

1回目 □ 2回目 □ 3回目 □

単語の意味

Q19
□ affordable 形 値段が手頃な

Q20
□ ecosystem 名 生態系

Q19 正解 (A) 接続詞 (when) ―――― 難易度 ★★☆

ステップ1

選択肢には接続詞と前置詞が混在しています。空所は後半の主節にあり、its services remain highly affordable ------- compared to its main competitors' plans. となっています。

ステップ2

空所の次は過去分詞なので、前置詞の (C) in が入ることはなく、まずこれを外せます。主節の文意は「そのサービスは主要な競合会社のプランと比較する～まだずいぶんお値打ちだ」です。

ステップ3

〈when + 分詞〉は過去分詞でも可能なので、(A) when（～のとき；～すると）を入れると、文意も通ります。これが正解です。(D) while も文法的には可能ですが、「～している間」という継続の意味になるのでここでは不可。(B) but は逆接の等位接続詞なので、この位置に入れるのは文法的に不可で、意味もなしません。

問題・選択肢

ジェットコムは最近、増加する運営費を反映するために料金を調整したが、そのサービスは主要な競合会社のプランと比較するとまだずいぶんお値打ちだ。

(A) when　接続詞（～のとき；～すると）　(B) but　接続詞（しかし）
(C) in　前置詞（～で）　(D) while　接続詞（～の間）

Q20 正解 (B) 動詞の形 ―――― 難易度 ★★★

ステップ1

選択肢には動詞句 carry out のさまざまな形が並んでいます。空所は that 節の中にあり、that a more detailed survey of the proposed waterfront development project's impact on the local ecosystem -------. となっています。

ステップ2

ポイントは主節の動詞 has requested です。**request のように「要求」を表す動詞が導く that 節は仮定法現在になり、節内の動詞は原形（または should + 原形）となります。**

ステップ3

よって、(B) be carried out が正解です。

問題・選択肢

都市計画委員会は、計画されているウォーターフロント開発プロジェクトの地域の生態系への影響についてさらに詳しい調査が行われることを求めている。

(A) carries out　現在形（三単現）　(B) be carried out　be + 過去分詞
(C) would be carried out　would + 受動態　(D) has been carried out　現在完了（受動態）

Q21

Employees should bear in mind that they are acting on behalf of the company and always ------- in a thoroughly professional manner when they deal with customers.

(A) behave
(B) participate
(C) trade
(D) operate

Ⓐ Ⓑ Ⓒ Ⓓ

できた …………○ あいまい ………△ できなかった …×

1回目	2回目	3回目
□	□	□

Q22

Since the restaurant opened last year, Napoli Kitchen's pizzas, cooked in a brick oven imported from Italy, have earned lavish praise for their ------- taste.

(A) personal
(B) authentic
(C) artificial
(D) similar

Ⓐ Ⓑ Ⓒ Ⓓ

できた …………○ あいまい ………△ できなかった …×

1回目	2回目	3回目
□	□	□

単語の意味

Q21
□ bear in mind that ～　～を心に留める
□ thoroughly 副 徹底的に；完全に

Q22
□ lavish 形 惜しみない
□ praise 名 称賛

Q21 正解 (A) 動詞の選択 ―――― 難易度 ★★☆

ステップ1
空所は that 節の中にあり、they are acting on behalf of the company and always ------- in a thoroughly professional manner when they deal with customers. となっています。

ステップ2
空所に入る動詞の主語は they (= employees) で、in a thoroughly professional manner（徹底的にプロらしく）はこの動詞の様態を表します。(B) participate（参加する）では様態に参加することになり、不可。(C) trade（取引する）は後続の when 以下が「顧客と取引をするときには」なので重複します。

ステップ3
(A) behave（振る舞う）だと、「徹底的にプロらしく」や when 以下とも合うのでこれが正解です。(D) operate を自動詞として「動く；作動する」の意味で使うときには主語は機械・工場などの物です。

問題・選択肢
従業員は会社を代表して行動し、顧客と取引するときにはいつも徹底的にプロらしく振る舞うことを心に刻むべきだ。

(A) behave　振る舞う
(B) participate　参加する
(C) trade　取引する
(D) operate　動く；作動する

Q22 正解 (B) 形容詞の選択 ―――― 難易度 ★★☆

ステップ1
空所の位置は have earned lavish praise for their ------- taste. で、この文の主語は Napoli Kitchen's pizzas です。

ステップ2
「ナポリ・キッチンのピザはその～味で惜しみない称賛を受けてきた」という文脈です。

ステップ3
どんな味かを考えますが、cooked in a brick oven imported from Italy（イタリアから輸入されたレンガの釜で調理される）とあることからも、(B) authentic（本物の）がぴったりです。他の選択肢は taste との組み合わせは可能ですが、全体の文脈に合いません。

問題・選択肢
昨年にレストランが開店して以来、イタリアから輸入されたレンガの釜で調理されるナポリ・キッチンのピザはその本物の味で惜しみない称賛を受けてきた。

(A) personal　個人的な
(B) authentic　本物の
(C) artificial　人工的な
(D) similar　同様の

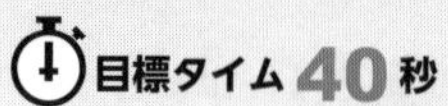

Q23

Applicants for the online content editor position must have a strong ------- for effectively managing priorities and working on a tight schedule.

(A) capacity
(B) eligibility
(C) tendency
(D) occasion

Ⓐ Ⓑ Ⓒ Ⓓ

できた…………○ 1回目 2回目 3回目
あいまい………△
できなかった…×

Q24

------- his technical expertise and decision-making abilities, what makes Mr. Krabb an outstanding manager is his strong communication skills.

(A) Both
(B) Beyond
(C) Furthermore
(D) For the sake of

Ⓐ Ⓑ Ⓒ Ⓓ

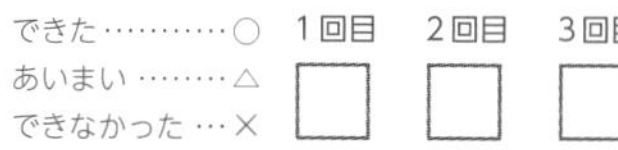

単語の意味

Q24

□ outstanding 形 並外れた

Q23 正解 (A) 名詞の選択 ―――― 難易度 ★★☆

ステップ1
空所の位置は Applicants for the online content editor position must have a strong ------- です。

ステップ2
Applicants（応募者）がもつべき要件が空所に入り、それは for 以下から「効果的に優先事項を管理し、厳しいスケジュールで仕事をする」のに必要なものです。

ステップ3
(A) capacity には「資質；能力」の意味があるので、これが正解です。 (B) eligibility は候補者が受けることのできる「権利；資格」を指し、不適。(C) tendency（傾向）では候補者の要件をうまく表現できません。(D) occasion（機会）は文脈にまったく合いません。

問題・選択肢
オンラインコンテンツ・エディター職への応募者は、効果的に優先事項を管理し、厳しいスケジュールで仕事をする強い資質をもたなければならない。

(A) capacity　資質；能力　　(B) eligibility　権利；資格
(C) tendency　傾向　　(D) occasion　機会

Q24 正解 (B) 前置詞（beyond）―――― 難易度 ★★☆

ステップ1
空所の位置は ------- his technical expertise and decision-making abilities, で、カンマで切れています。

ステップ2
空所からカンマまでを主文につなげる必要があるので、必要なのは前置詞です。副詞・形容詞・代名詞の (A) Both（どちらも）と副詞の (C) Furthermore（さらに）をまず外せます。

ステップ3
文意はカンマまでの前半は「その技術の専門性と意志決定能力～」、後半は「クラブさんを並外れた経営者にしているのは、彼の優れた意思疎通の技能だ」。**「意思疎通の能力」は「その技術の専門性と意志決定能力」に付加されたものだと考えられるので、(B) Beyond（～の他に）が正解になります。** (D) For the sake of（～のために）は「利益；目的」を表すイディオムでこの文脈に合いません。

問題・選択肢
その技術の専門性と意志決定能力の他に、クラブさんを並外れた経営者にしているのは、彼の優れた意思疎通の技能だ。

(A) Both　どちらも　　(B) Beyond　～の他に
(C) Furthermore　さらに　　(D) For the sake of　～のために

Q25

In response to your inquiry regarding the project manager position, we regret to say that it has been filled and we are ------- accepting applications.

(A) no longer
(B) as a result
(C) subsequently
(D) at all times

Ⓐ Ⓑ Ⓒ Ⓓ

できた ………… ○ | あいまい ……… △ | できなかった … ×

1回目	2回目	3回目
□	□	□

Q26

Christopher Wolfe's new book, scheduled for release on November 8, is the ------- anticipated sequel to the author's bestseller *Last Chance*.

(A) quickly
(B) lately
(C) largely
(D) eagerly

Ⓐ Ⓑ Ⓒ Ⓓ

できた ………… ○ | あいまい ……… △ | できなかった … ×

1回目	2回目	3回目
□	□	□

単語の意味

Q25
□inquiry 名 問い合わせ
□regarding 前 ～について

Q26
□anticipate 他 期待する
□sequel 名 続編

Q25 正解 (A) イディオムの選択 ―――― 難易度 ★★☆

ステップ1

空所はカンマの後にあり、we regret to say that it has been filled and we are ------- accepting applications. となっています。

ステップ2

この文の意味は「残念ながら、それはすでに埋まってしまい、応募を受け付けて～ことをお知らせいたします」です。何が埋まったかというとカンマの前にある the project manager position（プロジェクトマネジャー職）です。

ステップ3

この職がすでに埋まっているということなので、we are ------- accepting applications. は否定されなければなりません。選択肢で否定の役割を果たすのは (A) no longer（もう～ない）のみです。

問題・選択肢

プロジェクトマネジャー職についてのあなたのお問い合わせについてですが、残念ながら、それはすでに埋まってしまい、もう応募を受け付けていないことをお知らせいたします。

(A) no longer　もう～ない　(B) as a result　結果として
(C) subsequently　後で　(D) at all times　いつも

Q26 正解 (D) 副詞の選択 ―――― 難易度 ★★☆

ステップ1

空所は補語の中にあり、the ------- anticipated sequel to the author's bestseller *Last Chance*. となっています。過去分詞の anticipated（期待されている）を修飾する副詞を探す問題です。

ステップ2

この部分の意味は「この作家のベストセラー『最後のチャンス』の～期待されている続編だ」です。また、主語は「新刊本」です。

ステップ3

(D) eagerly（熱心に）が anticipated を修飾するのに適切で、全体の文脈にも合います。 (A) quickly（すぐに）や (B) lately（最近）はここに入れると文脈がおかしくなります。(C) largely（大規模に）は anticipated を修飾するのに不適です。

問題・選択肢

11月８日に発売が予定されているクリストファー・ウルフの新刊本は、この作家のベストセラー『最後のチャンス』の熱望されている続編だ。

(A) quickly　すぐに　(B) lately　最近
(C) largely　大規模に　(D) eagerly　熱心に

Q27

As ------- for the concert that was canceled due to poor weather, fans who purchased tickets for the show in Montreal will be fully reimbursed.

(A) substitution
(B) compensation
(C) appreciation
(D) preparation

Ⓐ Ⓑ Ⓒ Ⓓ

できた …………○ あいまい ………△ できなかった …×

1回目	2回目	3回目
□	□	□

Q28

------- other companies in the industry that have outsourced their production overseas, Slocum Footwear continues to manufacture all its products here in the United States.

(A) Unlike
(B) While
(C) Instead of
(D) Against

Ⓐ Ⓑ Ⓒ Ⓓ

できた …………○ あいまい ………△ できなかった …×

1回目	2回目	3回目
□	□	□

単語の意味

Q27
□ reimburse 他 返金する

Q28
□ outsource 他 外注する；外部委託する

Q27 正解 (B) 名詞の選択 ―― 難易度 ★★☆

ステップ1

空所の位置はAs ------- for the concert that was canceled due to poor weather, となっています。この部分の意味は「悪天候により中止になったコンサートの～として」です。

ステップ2

一方、カンマ以下の文意は「モントリオールのショーのチケットを購入したファンには全額が払い戻される」です。

ステップ3

「中止になったコンサートの何として払い戻しが行われるのか」を考えると、(B) compensation（補償）が適切です。他の選択肢はいずれもこの文脈に合いません。

問題・選択肢

悪天候により中止になったコンサートの補償として、モントリオールのショーのチケットを購入したファンには全額が払い戻される。

(A) substitution 交替　(B) compensation 補償
(C) appreciation 感謝　(D) preparation 準備

Q28 正解 (A) 前置詞（unlike） ―― 難易度 ★★☆

ステップ1

選択肢には前置詞と接続詞が混在しています。空所の位置は ------- other companies in the industry that have outsourced their production overseas, で、カンマで切れています。

ステップ2

空所に続いているのは名詞の要素なので、接続詞は入りません。まず、接続詞の(B) While を外せます。文意はカンマまでは「海外に生産を外注しているその業界の他の会社～」、カンマの後は「スロカム・フットウエアはすべての製品をここ米国で製造し続けている」です。

ステップ3

前後半を対比させる前置詞が必要で、(A) Unlike が「～とは違って」の意味で対比を可能にします。(C) Instead of は「～ではなく」で「否定」、(D) Against は「～に反して」で「対立」を表すので、どちらも不適です。

問題・選択肢

海外に生産を外注しているその業界の他の会社とは違って、スロカム・フットウエアはすべての製品をここ米国で製造し続けている。

(A) Unlike 前置詞（～とは違って）　(B) While 接続詞（～だけれど）
(C) Instead of 前置詞（～ではなく）　(D) Against 前置詞（～に反して）

Q29

It would be very challenging to meet the targeted sales objective of this year if the ------- economic conditions last.

(A) proper
(B) inevitable
(C) sustainable
(D) prevailing

Ⓐ Ⓑ Ⓒ Ⓓ

できた …………○
あいまい ………△
できなかった …×

1回目	2回目	3回目
□	□	□

Q30

Camden Software ------- expert opinions about the requirements for its new product by conducting a series of meetings with accountants.

(A) solicited
(B) determined
(C) contributed
(D) expressed

Ⓐ Ⓑ Ⓒ Ⓓ

できた …………○
あいまい ………△
できなかった …×

1回目	2回目	3回目
□	□	□

単語の意味

Q29
□ objective 名 目標

Q29 正解 (D) 形容詞の選択 ―――――――――― 難易度 ★★★

ステップ1

空所は if 節にあり、if the ------ economic conditions last. となっていて、economic conditions を修飾する形容詞を選ぶ問題です。

ステップ2

主節の意味は「予定された今年の売り上げ目標を達成するのはきわめて難しいだろう」なので、空所にはポジティブな意味の形容詞が入ることはありません。まず (A) proper（適当な）と (C) sustainable（持続可能な）を外せます。

ステップ3

ネガティブな意味ではありませんが、(D) prevailing（今支配的な）はネガティブな状況を示唆することが可能なので、これが正解です。(B) inevitable（避けられない）では、よくない経済の現状を表現できません。

問題・選択肢

もし今支配的な経済状況が続くなら、予定された今年の売り上げ目標を達成するのはきわめて難しいだろう。

(A) proper 適当な (B) inevitable 避けられない
(C) sustainable 持続可能な (D) prevailing 今支配的な

Q30 正解 (A) 動詞の選択 ―――――――――― 難易度 ★★★

ステップ1

空所の位置は Camden Software ------ expert opinions で、expert opinions（専門家の意見）を目的語にとる動詞を選ぶ問題です。

ステップ2

about 以下は「会計士と一連の会議を行うことによって新製品の要件について」の意味です。

ステップ3

「会計士と会議を行って新製品の要件について専門家の意見をどうしたか」を考えれば、(A) solicited（求めた）が適切です。(B) determined（決定した）、(C) contributed（貢献した）はいずれも目的語の expert opinions を続けて適切な文をつくれません。(D) expressed では、「（この会社が）専門家の意見を表明した」となり、会計士との会議など不要になります。

問題・選択肢

カムデン・ソフトウエアは、会計士と一連の会議を行うことによって新製品の要件について専門家の意見を求めた。

(A) solicited 求めた (B) determined 決定した
(C) contributed 貢献した (D) expressed 表明した

900点レベル

DAY 5

実戦練習 No.5

30問

（解答時間）

目標タイム 10 分

✓ Part 5 に出る全種の問題をランダムに出題しています。本番の Part 5 を解くつもりで、時間も意識しながら解答してみましょう。

✓ 問題を解いたら、解説を読んでしっかり理解しておきましょう。また、日をおいて、2回、3回とトライしてみましょう。

✓ 成果を記入してみましょう。3回分、記入できるようになっています。

	1st TRY	2nd TRY	3rd TRY
Score	／30問	／30問	／30問
Time	分　秒	分　秒	分　秒

Q1

Another series of focus group meetings is being considered to analyze a ------- segment of the market.

(A) prior
(B) basic
(C) general
(D) particular

Ⓐ Ⓑ Ⓒ Ⓓ

できた …………○　あいまい ………△　できなかった …×
1回目 □　2回目 □　3回目 □

Q2

Among the various famous figures ------- attended the Sligo Film Festival last week, actress Emma Mayhew attracted the most attention from fans and media.

(A) who
(B) which
(C) where
(D) what

Ⓐ Ⓑ Ⓒ Ⓓ

できた …………○　あいまい ………△　できなかった …×
1回目 □　2回目 □　3回目 □

単語の意味

Q1

□ focus group　フォーカスグループ
　＊顧客の小グループが、その会社の製品・サービスについて意見を述べる会議。

□ segment　名 区分；セグメント

Q2

□ figure　名 人物

Q1 正解 (D) 形容詞の選択 ——— 難易度 ★★☆

ステップ1

空所は後半の不定詞句の中にあり、to analyze a ------ segment of the market. となっています。segment of the market（市場区分）を修飾する形容詞を選ぶ問題です。

ステップ2

文の前半は「一連のフォーカスグループの会議がもう一度、検討されている」です。

ステップ3

「どんな市場区分を分析するためにフォーカスグループの会議が行われるか」を考えると、(D) particular（特定の）が適切です。 (A) prior は「前の」の意味の時間表現でここでは不可。(B) basic（基本的な）や (C) general（一般的な）はこの文脈で「市場区分」を修飾するのにあいまいすぎます。

問題・選択肢

特定の市場区分を分析するために、一連のフォーカスグループの会議がもう一度、検討されている。

(A) prior　前の
(B) basic　基本的な
(C) general　一般的な
(D) particular　特定の

Q2 正解 (A) 関係代名詞（who） ——— 難易度 ★☆☆

ステップ1

選択肢にはさまざまな関係詞が並びます。空所はカンマまでの前半にあって、Among the various famous figures ------- attended the Sligo Film Festival last week, となっています。

ステップ2

空所の次に動詞が続いていて、この関係詞節には主語がありません。よって、主格の関係代名詞が必要です。(A) who と (B) which に絞れます。

ステップ3

先行詞は various famous figures（さまざまな有名人）と「人」です。したがって、人で主格の関係代名詞の (A) が正解です。

問題・選択肢

先週、スリゴ・フィルム・フェスティバルに出席したさまざまな有名人の中で、女優のエマ・メイヒューがファンやメディアの注目を一番集めた。

(A) who　関係代名詞（人・主格）
(B) which　関係代名詞（モノ・主格）
(C) where　関係副詞（場所）
(D) what　関係代名詞（先行詞を含む）

Q3

The region was hit with a massive snowstorm that continued throughout the day, forcing most flights departing Nordvik Airport -------.

(A) to be canceled
(B) canceled
(C) would be canceled
(D) be canceled

Ⓐ Ⓑ Ⓒ Ⓓ

できた…………○ あいまい………△ できなかった…× | 1回目 □ | 2回目 □ | 3回目 □

Q4

The Cantwell Bridge will undergo major repairs over a period of six months, with lane ------- scheduled during the night to limit traffic disruptions.

(A) closures
(B) close
(C) closely
(D) closed

Ⓐ Ⓑ Ⓒ Ⓓ

できた…………○ あいまい………△ できなかった…× | 1回目 □ | 2回目 □ | 3回目 □

単語の意味

Q3
□region 名 地域

Q4
□disruption 名 混乱；遮断

Q3 正解 (A) 動詞の形 ―――――――――――――――― 難易度 ★☆☆

ステップ1

選択肢には過去分詞を使ったさまざまな形が並びます。空所はカンマの後にあり、forcing most flights departing Nordvik Airport -------. となっています。

ステップ2

ポイントは動詞 force の用法です。**この動詞は〈force O to do〉または〈force O into doing〉の形で「O に～させる」の意味になります。**

ステップ3

選択肢には〈into + 動名詞〉の形はないので、不定詞の (A) to be canceled を選びます。

問題・選択肢

その地域は一日中続く猛吹雪に見舞われ、ノードヴィック空港を飛び立つほとんどのフライトは運行停止を余儀なくされた。

(A) to be canceled　不定詞　　(B) canceled　過去分詞
(C) would be canceled　仮定法過去　　(D) be canceled　原形

Q4 正解 (A) 品詞の識別 ―――――――――――――――― 難易度 ★★☆

ステップ1

選択肢には close を語幹とするさまざまな品詞と動詞の変化形が並びます。空所は with が導く修飾語の中にあり、with lane ------- scheduled during the night to limit traffic disruptions. となっています。

ステップ2

前半の文意が「カントウェル橋は 6 カ月間にわたって大規模な改修工事が行われる」なので、lane は「車線」だとわかります。

ステップ3

with の付帯状況の用法〈with + 名詞 + 分詞〉を想定すると、with lane ------- scheduled during the night で、scheduled が分詞なので lane ------- でひとまとまりの名詞になるはずです。lane と組み合わせて名詞のまとまりをつくれるのは (A) closures（閉鎖）だけです。

問題・選択肢

カントウェル橋は 6 カ月間にわたって大規模な改修工事が行われるが、交通の混乱を限定的なものにするため夜間に車線の閉鎖が予定されている。

(A) closures　名詞　　(B) close　形容詞・動詞原形・名詞
(C) closely　副詞　　(D) closed　過去分詞

Q5

You can get ------- in helping disadvantaged Nepalese children through working with us, volunteering, fundraising, or becoming a partner.

(A) involving
(B) involved
(C) to involve
(D) involvement

Ⓐ Ⓑ Ⓒ Ⓓ

できた……………○ あいまい………△ できなかった…× 1回目 2回目 3回目

Q6

New work rules ------- that up to two days a week, employees are allowed to work from home instead of traveling to the office.

(A) provide
(B) release
(C) describe
(D) promote

Ⓐ Ⓑ Ⓒ Ⓓ

できた……………○ あいまい………△ できなかった…× 1回目 2回目 3回目

単語の意味

Q5
☐ disadvantaged 形 恵まれない

Q6
☐ work from home 在宅勤務をする

Q5 正解 (B) 品詞の識別 —— 難易度 ★★☆

ステップ1

選択肢には動詞 involve のさまざまな形と名詞が並んでいます。空所の位置は You can get ------- in helping disadvantaged Nepalese children です。

ステップ2

動詞 involve は「参加させる」の意味で、受け身にして「参加する」となります。また、get は自動詞で使うと「～になる」の意味で〈get C〉の形で C には形容詞・分詞が使えます。

ステップ3

これら2点から (B) involved が正解で、get involved in ～で「～に参加する」です。

問題・選択肢

私たちと一緒に働いたり、ボランティアをしたり、資金を集めたり、パートナーになったりすることによって、恵まれないネパールの子供たちを支援することに参加できます。

(A) involving　現在分詞　　(B) involved　過去分詞
(C) to involve　不定詞　　(D) involvement　名詞

Q6 正解 (A) 動詞の選択 —— 難易度 ★★☆

ステップ1

空所の位置は New work rules ------- で、主節の述語動詞の位置にあり、これに that 節が続いています。

ステップ2

その that 節の意味は「社員は週2日まで、出社する代わりに在宅勤務が許される」です。主語は「新しい業務規則」なので、空所には「規定する」に当たる意味の動詞を入れる必要があります。

ステップ3

選択肢でこの意味をもつのは (A) provide（定める）で、法律や契約書の条文でよく使われる動詞です。もう一つのアプローチは that 節を導けるかどうかで、provide 以外の動詞は that 節を導けません。

問題・選択肢

新しい業務規則は、社員は週2日まで、出社する代わりに在宅勤務が許されることを定めている。

(A) provide　定める　　(B) release　発表する
(C) describe　描写する　　(D) promote　促進する

Q7

When setting up your modem, you should avoid placing it ------- electronic devices, such as microwaves and cordless phones, may interfere with the signal.

(A) by
(B) at
(C) where
(D) wherever

Ⓐ Ⓑ Ⓒ Ⓓ

できた …………○
あいまい ………△
できなかった …×

1回目 2回目 3回目

Q8

The rich merchant's old mansion has been converted into a luxurious, ------- only with eight rooms, boutique hotel.

(A) nevertheless
(B) anyway
(C) albeit
(D) contrary

Ⓐ Ⓑ Ⓒ Ⓓ

できた …………○
あいまい ………△
できなかった …×

1回目 2回目 3回目

単語の意味

Q7
☐ microwave 名 電子レンジ
☐ interfere with ～に干渉する

Q8
☐ mansion 名 邸宅
☐ convert 他 改築する；転換する

Q7 正解 (D) 接続詞 (wherever) —— 難易度 ★★☆

ステップ1

選択肢には前置詞、関係詞、接続詞が混在しています。空所の位置は placing it ------- electronic devices, such as microwaves and cordless phones, may interfere with the signal. です。

ステップ2

it は modem で、モデムをどこに設置するかを考えます。ポイントは such as の部分が挿入句として用いられていることです。これが挿入句とわかれば、electronic devices 以下は文なので、前置詞の (A) by と (B) at を外せます。

ステップ3

関係副詞の (C) where を使うには場所の先行詞が必要なので、これも不適です。**接続詞の (D) wherever なら「電子レンジやコードレス電話などの電子機器が信号に干渉するどんな場所であれ」と譲歩の意味をもたせつつ placing it につなげられるので、これが正解です。**

問題・選択肢

モデムを設定するときには、電子レンジやコードレス電話などの電子機器が信号に干渉するどんな場所であれ設置するのを避けるべきである。

(A) by 前置詞　(B) at 前置詞

(C) where 関係副詞　(D) wherever 接続詞

Q8 正解 (C) 接続詞 (albeit) —— 難易度 ★★★

ステップ1

空所は into が導く表現の中にあり、a luxurious, ------ only with eight rooms, boutique hotel. となっています。

ステップ2

空所には軽い逆接の言葉が入れば「部屋数はたった8室だが、ぜいたくなブティックホテル」となります。

ステップ3

(C) albeit は「～だが」という逆接の意味の接続詞で、これを入れれば適切な表現が成立します。(D) contrary は名詞か形容詞で使うのでここに入れることはできません。(A) nevertheless（それにもかかわらず）と (B) anyway（とにかく）はいずれも副詞なので、only 以下を従えることができません。

問題・選択肢

その裕福な商人の古い邸宅は、部屋数はたった8室だが、ぜいたくなブティックホテルに改築された。

(A) nevertheless それにもかかわらず　(B) anyway とにかく

(C) albeit ～だが　(D) contrary 反対（の）

目標タイム 40 秒

Q9

Owing to ------- market conditions, Hanover Semiconductors has suspended the projected investments on its manufacturing facilities.

(A) worse than
(B) worsen
(C) worsening
(D) worst

Ⓐ Ⓑ Ⓒ Ⓓ

できた…………○ あいまい………△ できなかった…× 1回目 2回目 3回目

Q10

The magazine's latest cover story examines the wider ------- of the Artificial Intelligence Revolution.

(A) alliance
(B) explanations
(C) compliance
(D) implications

Ⓐ Ⓑ Ⓒ Ⓓ

できた…………○ あいまい………△ できなかった…× 1回目 2回目 3回目

単語の意味

Q9
□ suspend 他 停止する；中断する

Q10
□ examine 他 検証する

Q9 正解 (C) 品詞の識別 ——— 難易度 ★★☆

ステップ1

選択肢には worse を語幹とするさまざまな形が並びます。空所の位置は Owing to ------- market conditions, と文頭の表現の中にあります。

ステップ2

owing to は「～のために；～が原因で」という意味のイディオムで、to の後に続くのは名詞です。動詞原形の (B) worsen をまず外せます。また、比較級の (A) worse than では worse が修飾する先がなく、文意もなさないので不可。最上級の (D) worst を使うなら、定冠詞の the が必要で、これも不可です。

ステップ3

動詞 worsen は自動詞として使えるので、現在分詞にすれば「悪化する市場環境のため」となって文意も通ります。(C) worsening が正解です。

問題・選択肢

悪化する市場環境のため、ハノーバー・セミコンダクターズは計画されていた製造施設への投資を取りやめた。

(A) worse than　比較級 + than　　(B) worsen　動詞（原形）
(C) worsening　現在分詞　　(D) worst　最上級

Q10 正解 (D) 名詞の選択 ——— 難易度 ★★★

ステップ1

空所は動詞 examines の目的語の中にあり、the wider ------- of the Artificial Intelligence Revolution. となっています。「人工知能革命の～を検証する」の意味です。

ステップ2

検証する主体は「その雑誌の最新のカバーストーリー」です。

ステップ3

「人工知能革命の何を検証するか」を考えると、(D) implications（影響）が適切です。implication には「示唆；暗示」の意味もありますが、複数で「(予想される）影響」の意味でよく使います。(A) alliance（提携）は wider とは合っても、全体で文意をなしません。(B) explanations では「説明を検証する」と適切な表現をつくれません。(C) compliance は「遵守」の意味なので文脈に合いません。

問題・選択肢

その雑誌の最新のカバーストーリーは、人工知能革命の幅広い影響を検証している。

(A) alliance　提携　　(B) explanations　説明
(C) compliance　遵守　　(D) implications　影響

Q11

It is recommended that visitors to Mansford Castle arrive early if possible, as it is ------- the most popular tourist attraction in the town.

(A) even
(B) still
(C) by far
(D) as well

Ⓐ Ⓑ Ⓒ Ⓓ

できた…………○ あいまい………△ できなかった…× 1回目 2回目 3回目

Q12

Without ------- on comfort, Rudiger Inns offers business travelers convenient accommodation at prices no other hotel in the same class can match.

(A) focusing
(B) interfering
(C) relying
(D) compromising

Ⓐ Ⓑ Ⓒ Ⓓ

できた…………○ あいまい………△ できなかった…× 1回目 2回目 3回目

Q11 正解 (C) 最上級の強調 —— 難易度 ★★☆

ステップ1

空所は as 以下にあって、as it is ------- the most popular tourist attraction in the town. となっています。

ステップ2

カンマまでの前半は「マンスフォード城の訪問客は可能なら早めに到着することが勧められている」なので、空所には後続の最上級を強める副詞を入れれば文意が通ることになります。

ステップ3

(C) by far（断然）は最上級の強調に使えるので、これが正解です。(A) even と (B) still は比較級の強調には使えますが、最上級には使えません。ちなみに much は比較級にも最上級にも使えます。(D) as well（同様に）は前出の as との呼応を想起させるひっかけの選択肢です。

問題・選択肢

そこは街で断然一番人気のある観光スポットなので、マンスフォード城の訪問客は可能なら早めに到着することが勧められている。

(A) even いっそう　(B) still いっそう
(C) by far 断然　(D) as well 同様に

Q12 正解 (D) 動詞の選択 —— 難易度 ★★☆

ステップ1

空所は冒頭の前置詞句にあり、Without ------- on comfort, となっています。

ステップ2

主文の意味は「ルディジャー・インズは、同クラスの他のホテルが対抗できない価格で便利な宿泊施設をビジネス客に提供する」で、「快適さについてどうすることなく、こうしたサービスを提供するか」を考えます。

ステップ3

(D) compromising を選べば、「快適さで妥協することなく」となり、適切な文になります。(A) focusing（集中すること）や (C) relying（頼ること）は on とつながりますが、前置詞句と主文の内容が矛盾してしまいます。(B) の interfere は「干渉する」の意味で、on comfort とつながりません。

問題・選択肢

快適さで妥協することなく、ルディジャー・インズは、同クラスの他のホテルが対抗できない価格で便利な宿泊施設をビジネス客に提供する。

(A) focusing 集中すること　(B) interfering 干渉すること
(C) relying 頼ること　(D) compromising 妥協すること

Q13

------- the current printed ticket-based system, the Cresswell Transit Authority will switch to a paperless system using rechargeable smart cards next year.

(A) Provided that
(B) In the event of
(C) Regardless of
(D) In place of

Ⓐ Ⓑ Ⓒ Ⓓ

できた …………○　あいまい ………△　できなかった …×　1回目 □　2回目 □　3回目 □

Q14

The planning committee ------- the benefits of the overseas project against the costs and potential risks.

(A) voted
(B) mattered
(C) consulted
(D) weighed

Ⓐ Ⓑ Ⓒ Ⓓ

できた …………○　あいまい ………△　できなかった …×　1回目 □　2回目 □　3回目 □

単語の意味

Q13

□ rechargeable　形 再入金できる

Q13 正解 (D) イディオムの選択 ―――――― 難易度 ★★☆

ステップ1

空所はカンマまでの表現にあり、------- the current printed ticket-based system, となっています。

ステップ2

空所には名詞が続くので、文を導く (A) Provided that をまず外せます。カンマの後は「クレスウェルの運輸局は来年から再入金が可能なスマートカードを使うペーパーレスのシステムに切り替える予定だ」で、「ペーパーレスのシステム」が「現行の印刷された切符に基づくシステム」と対比されています。

ステップ3

「現行の印刷された切符に基づくシステム」を否定するために (D) In place of（～の代わりに）を入れれば文意が通ります。 (B) In the event of（～の場合には）や (C) Regardless of（～にかかわらず）では後続の内容を否定できません。

問題・選択肢

現行の印刷された切符に基づくシステムの代わりに、クレスウェルの運輸局は来年から再入金が可能なスマートカードを使うペーパーレスのシステムに切り替える予定だ。

(A) Provided that　～という条件で　(B) In the event of　～の場合には
(C) Regardless of　～にかかわらず　(D) In place of　～の代わりに

Q14 正解 (D) 動詞の選択 ―――――― 難易度 ★★★

ステップ1

空所の位置は The planning committee ------- the benefits of the overseas project で、述語動詞を選ぶ問題です。ここの意味は「計画委員会はその海外プロジェクトの利点を～」です。

ステップ2

against 以降は「コストと潜在的なリスクと対比して」なので、合わせると「その海外プロジェクトの利点をコストと潜在的なリスクと対比して～」という文脈です。

ステップ3

(D) の weigh には「検討する」という意味があり、〈weigh A against B〉（A を B と対比して検討する）の用法があるので、(D) が正解です。 (A) の vote（投票する）や (C) の consult（相談する）には〈V A against B〉の形がありません。(B) の matter は「重要である」の意味の自動詞で目的語を取れません。

問題・選択肢

計画委員会はその海外プロジェクトの利点をコストと潜在的なリスクと対比して検討した。

(A) voted　投票した　(B) mattered　重要だった
(C) consulted　相談した　(D) weighed　検討した

Q15

Harisha Jamila's innovative creations featuring unusual ingredients have earned ------- a reputation as one of Australia's most talented and exciting young chefs.

(A) them
(B) such
(C) her
(D) with

Ⓐ Ⓑ Ⓒ Ⓓ

できた …………○ あいまい ………△ できなかった …×	1回目	2回目	3回目
	□	□	□

Q16

To ensure that sufficient quantities of parts are in stock when required, the supply management department uses the latest software to track -------.

(A) progress
(B) inventory
(C) invoice
(D) warehouse

Ⓐ Ⓑ Ⓒ Ⓓ

できた …………○ あいまい ………△ できなかった …×	1回目	2回目	3回目
	□	□	□

単語の意味

Q15
□ ingredient 名 素材；食材

Q16
□ track 他 追跡する；管理する

Q15　正解 (C)　代名詞（三人称単数・目的格）――― 難易度 ★★☆

ステップ1

空所の位置は have earned ------- a reputation as one of Australia's most talented and exciting young chefs. です。

ステップ2

主語は「珍しい食材を使ったハリシャ・ジャミラの革新的な創作料理」です。動詞 earn は〈earn O_1 O_2〉（O_1にO_2をもたらす）の用法が可能です。

ステップ3

「創作料理が～に名声をもたらした」と考えれば、空所に入るのは Harisha Jamila です。これを目的格の代名詞で受けた (C) her が正解です。 Harisha が男性か女性かわからなくても単数の代名詞はこれだけです。なお、(B) such では、「創作料理」というモノが「シェフの名声」を得るというおかしな文になります。

問題・選択肢

珍しい食材を使ったハリシャ・ジャミラの革新的な創作料理は、オーストラリアの最も才能があり刺激的な若手シェフの一人としての名声を彼女にもたらした。

(A) them　代名詞（目的格）　　(B) such　形容詞
(C) her　代名詞（目的格）　　(D) with　前置詞

Q16　正解 (B)　名詞の選択 ――― 難易度 ★★☆

ステップ1

空所は後半にあり、the supply management department uses the latest software to track -------. となっています。この部分の意味は「資材管理部は～を追跡する最新のソフトを使っている」です。

ステップ2

カンマまでの不定詞の部分は「必要なときに十分な量の部品が確実に確保されているように」なので、ソフトは部品の数量を管理するために使われています。

ステップ3

(B) inventory は「在庫」の意味なので、これを選んで track inventory（在庫を追跡する）とすれば文意が通ります。 (A) progress（進展）は track progress（進捗を追跡する）とできますが、全体の文意に合いません。(C) invoice（請求書）と (D) warehouse（倉庫）はこの空所に入れても意味をなしません。

問題・選択肢

必要なときに十分な量の部品が確実に確保されているように、資材管理部は在庫を追跡する最新のソフトを使っている。

(A) progress　進展　　(B) inventory　在庫
(C) invoice　請求書　　(D) warehouse　倉庫

Q17

After his resignation, Arthur Blanqui will stay ------- with the company as a special advisor.

(A) tuned
(B) affiliated
(C) extended
(D) collaborated

Ⓐ Ⓑ Ⓒ Ⓓ

できた…………○ あいまい ………△ できなかった …×

1回目	2回目	3回目

Q18

Analysis of pottery fragments found underground indicates that the site may ------- by human settlers more than 2,500 years ago.

(A) occupy
(B) be occupied
(C) have been occupied
(D) had been occupying

Ⓐ Ⓑ Ⓒ Ⓓ

できた…………○ あいまい ………△ できなかった …×

1回目	2回目	3回目

単語の意味

Q18

□pottery 名 陶器
□fragment 名 破片
□settler 名 定住者

Q17 正解 (B) 動詞の選択 ―――― 難易度 ★★☆

ステップ1

空所の位置は Arthur Blanqui will stay ------- with the company as a special advisor. で、stay に続く補語の過去分詞を選ぶ問題です。

ステップ2

全体の文意は「アーサー・ブランキは退任後も、特別顧問として会社に～続ける」です。

ステップ3

(B) の affiliate は「かかわらせる」の意味で、過去分詞にして「かかわる」となり with ともつながるので、これが正解です。 (A) tuned（チャンネルが合って）は stay tuned という表現を想起させるひっかけの選択肢で、ここでは意味をなしません。(C) extended（延長されて）では with につながりません。(D) の collaborate は「協業する」という意味の自動詞で受け身にはできず、選択肢は過去形なので不可です。

問題・選択肢

アーサー・ブランキは退任後も、特別顧問として会社にかかわり続ける。

(A) tuned　チャンネルが合って　　(B) affiliated　かかわって

(C) extended　延長されて　　(D) collaborated　協業した

Q18 正解 (C) 動詞の形 ―――― 難易度 ★★☆

ステップ1

選択肢には動詞 occupy のさまざまな形が並びます。空所は that 節にあり、that the site may ------- by human settlers more than 2,500 years ago. となっています。

ステップ2

主節の意味は「地下で発見された陶器の破片の分析は明らかにした」で、that 節は過去の事実を推測する内容であることがわかります。**助動詞の may がすでにあるので、空所で過去のことを表す必要があります。また、the site（この土地）が主語なので、動詞 occupy（居住する）は受け身でないといけません。**

ステップ3

この条件を満たすのは、完了の形で受動態の (C) have been occupied です。

問題・選択肢

地下で発見された陶器の破片の分析は、2500年以上も前にこの場所が人類の定住者たちに居住されていたかもしれないことを明らかにした。

(A) occupy　原形　　(B) be occupied　be + 過去分詞

(C) have been occupied　現在完了形（受動態）

(D) had been occupying　過去完了進行形

Q19

Smart Beaver offers quick and convenient assembly ------- mounting for your purchases made online and in select stores.

(A) for
(B) while
(C) and
(D) with

Ⓐ Ⓑ Ⓒ Ⓓ

できた……………○ 1回目 2回目 3回目
あいまい ………△
できなかった …×

Q20

The new hunting boots haven't been popular among the targeted middle-aged people, ------- among the young and teens.

(A) as well
(B) either
(C) nor
(D) neither

Ⓐ Ⓑ Ⓒ Ⓓ

できた……………○ 1回目 2回目 3回目
あいまい ………△
できなかった …×

単語の意味

Q19

□ assembly 名 組み立て
□ mounting 名 備え付け

Q19 正解 (C) 接続詞 (and) —— 難易度 ★★☆

ステップ1
空所の位置は Smart Beaver offers quick and convenient assembly ------- mounting for your purchases です。

ステップ2
ポイントは assembly と mounting の関係をつかむことです。assembly は「組み立て」ですが、mounting は動詞 mount（備え付ける）の動名詞で「備え付け」の意味です。

ステップ3
両者は並列的な関係なので、同様のものをつなぐ等位接続詞の (C) and を入れれば「すばやく便利な組み立てと備え付け」となって、文意が通ります。 (B) while は mounting を現在分詞と勘違いしたときに選びそうなひっかけの選択肢で、適切な文構造をつくれません。(A) や (D) の前置詞でも文構造がおかしくなります。

問題・選択肢
スマート・ビーバーは、オンラインとセレクトショップでのお客様の購入品に対して、すばやく便利な組み立てと備え付けのサービスを提供します。

(A) for 前置詞（～の間）
(B) while 接続詞（～の間）
(C) and 接続詞（～と～）
(D) with 前置詞（～を伴って）

Q20 正解 (C) 接続詞 (nor) —— 難易度 ★★☆

ステップ1
空所の位置はカンマの後で ------- among the young and teens. となっていて、カンマまでの文につなぐ言葉が必要です。

ステップ2
カンマまでの文は「新しいハンティングブーツは対象とされた中年の人々に人気が出なかった」です。among 以下も否定する流れにするためには、後続の表現の前で使える否定辞が必要です。

ステップ3
接続詞の (C) nor は〈nor A〉と後続の句を否定するのにその前で使えるので、これが正解です。 (B) either は否定文の文尾で使います。(D) neither は〈A, neither〉や〈neither do/does S〉で使い、〈neither A〉の形はありません。(A) as well（同様に）は否定の機能がありません。

問題・選択肢
新しいハンティングブーツは対象とされた中年の人々に人気が出なかったうえに、若者や十代にも人気がなかった。

(A) as well 副詞（同様に）
(B) either 副詞（～もまた）
(C) nor 接続詞（また～ない）
(D) neither 副詞（また～ない）

Q21

Typically, the company observes national holidays falling on a Saturday or Sunday on the following Monday, so the office will be closed on ------- day.

(A) the next
(B) that
(C) a whole
(D) specified

Ⓐ Ⓑ Ⓒ Ⓓ

できた …………○ あいまい ………△ できなかった …× 1回目 2回目 3回目

Q22

While hotels in Lofton's downtown area are generally expensive, there is a wide range of more affordable options in other -------.

(A) countries
(B) regions
(C) neighborhoods
(D) venues

Ⓐ Ⓑ Ⓒ Ⓓ

できた …………○ あいまい ………△ できなかった …× 1回目 2回目 3回目

単語の意味

Q21
□ fall on　～に当たる

Q21 正解 (B) 指示形容詞 (that) 難易度 ★★☆

ステップ1

空所はカンマの後の後半の文にあり、so the office will be closed on ------- day. となっています。day を修飾する言葉を選ぶ問題です。

ステップ2

カンマまでの前半は「一般的に、その会社は土曜日か日曜日に当たる祝日は次の月曜日に祝う」の文意で、「なので、事務所は～日に閉まる」と続きます。

ステップ3

この day は the following Monday なので、これと同一であることを示すために指示形容詞の (B) that を入れて that day とすると文意が通ります。 (A) the next では day は火曜日になり、カンマの前後が整合性をもちません。(C) a whole を入れると、day が何曜日かを指定できません。(D) specified を使うには定冠詞の the が必要で、またここで specified を使う意味もありません。

問題・選択肢

一般的に、その会社は土曜日か日曜日に当たる祝日は次の月曜日に祝うので、事務所はその日は閉まることになる。

(A) the next 次の　(B) that その
(C) a whole まるごとの　(D) specified 特定の

Q22 正解 (C) 名詞の選択 難易度 ★★☆

ステップ1

空所は後半の主節にあり、there is a wide range of more affordable options in other -------. となっています。

ステップ2

前半の従属節の意味は「ロフトンの繁華街地区のホテルは一般的に高価だが」なので、in other ------- には、ロフトンという街の他の「地区」を指す言葉が入るはずです。

ステップ3

街中の一定の広さのある「地区」を指すのは (C) neighborhoods で、これが正解です。 (A) countries（国）や (B) regions（地域）では街よりも大きくなってしまいます。(D) venues は「(イベントなどの) 開催場所」を指し、ホテルの立地する地区には使えません。

問題・選択肢

ロフトンの繁華街地区のホテルは一般的に高価だが、他の地区に幅広い種類のもっと割安の選択肢がある。

(A) countries 国　(B) regions 地域
(C) neighborhoods 地区　(D) venues 開催場所

Q23

To cut down on unnecessary waste, some businesses are switching to paperless meetings based on sharing documents electronically whenever it is ------- to do so.

(A) timely
(B) feasible
(C) extraordinary
(D) harmful

Ⓐ Ⓑ Ⓒ Ⓓ

できた …………○
あいまい ………△
できなかった …×

1回目	2回目	3回目

Q24

The company will have to offer considerable discounts to the client because the construction has been ------- behind schedule.

(A) very
(B) too
(C) way
(D) many

Ⓐ Ⓑ Ⓒ Ⓓ

できた …………○
あいまい ………△
できなかった …×

1回目	2回目	3回目

単語の意味

Q23
☐ cut down on　～を削減する

Q24
☐ considerable　形 相当な；大幅な

Q23 正解 (B) 形容詞の選択 ——— 難易度 ★★☆

ステップ1

空所は whenever 以下の節にあり、whenever it is ------- to do so. となっています。

ステップ2

do so はその前の文の are switching to paperless meetings（ペーパーレス会議に移行している）を受けています。つまり、「ペーパーレス会議に移行することが〜ときはいつでも」になるわけです。

ステップ3

選択肢でこの空所にうまく当てはまるのは (B) feasible（実現できる）です。「ペーパーレス会議に移行する」のはタイミングの問題ではないので、(A) timely（タイミングのいい）は不適です。(C) extraordinary（ずば抜けた）や (D) harmful（有害な）は文脈に合いません。

問題・選択肢

不要なゴミを減らすため、いくつかの会社は、それが実現できるときはいつでも、書類の電子的な共有に基づくペーパーレス会議に移行している。

(A) timely タイミングがいい　(B) feasible 実現できる
(C) extraordinary ずば抜けた　(D) harmful 有害な

Q24 正解 (C) 副詞の選択 ——— 難易度 ★★☆

ステップ1

空所は because が導く従属節にあり、because the construction has been ------- behind schedule. となっています。

ステップ2

前半の文は「顧客に相当な値引きを提供しなければならないだろう」なので、空所には behind schedule（スケジュールが遅れている）を強調する副詞が必要です。

ステップ3

(A) very（とても）、(B) too（あまりに）、(C) way（ずっと；大幅に）はいずれも副詞ですが、〈前置詞 + 名詞〉の形を強調できるのは way のみです。(C) が正解。(D) many は副詞でも使えますが、many more 〜など、数を強調する機能なので不可です。

問題・選択肢

その会社は、建設工事が予定より大幅に遅れているので、顧客に相当な値引きを提供しなければならないだろう。

(A) very とても　(B) too あまりに
(C) way ずっと；大幅に　(D) many たくさん

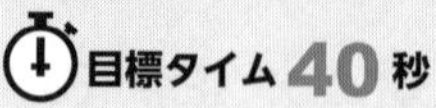

Q25

In response to rising production costs and decreased consumer spending, Maitland Foods has formulated a three-year plan designed to ------- its global operations.

(A) diversify
(B) streamline
(C) seize
(D) exceed

Ⓐ Ⓑ Ⓒ Ⓓ

できた …………○ 1回目 2回目 3回目
あいまい ………△
できなかった …×

Q26

We provide a custom-made show booth that can be tailored to meet your needs to ------- at trade shows.

(A) look up
(B) stand out
(C) make out
(D) show up

Ⓐ Ⓑ Ⓒ Ⓓ

できた …………○ 1回目 2回目 3回目
あいまい ………△
できなかった …×

単語の意味

Q25
□ formulate 他 作成する

Q25 正解 (B) 動詞の選択 ——— 難易度 ★★★

ステップ1

空所は最後の不定詞の中にあり、to ------ its global operations. となっています。

ステップ2

global operations（世界展開）と相性のいい動詞であることが条件なので、まずこの観点から、(C) seize（とらえる）と (D) exceed（超える）を外せるでしょう。**カンマまでの文意は「上昇する生産コストと低下する消費者支出に対応するために」です。そのために「世界展開をどうするか」を考えます。**

ステップ3

この文脈に合うのは (B) streamline（合理化する）です。 (A) diversify（多角化する）では「上昇する生産コストと低下する消費者支出」に対応できません。

問題・選択肢

上昇する生産コストと低下する消費者支出に対応するために、マイトランド・フーズは、世界展開を合理化することを目的とする３年計画を作成した。

(A) diversify　多角化する
(B) streamline　合理化する
(C) seize　とらえる
(D) exceed　超える

Q26 正解 (B) イディオムの選択 ——— 難易度 ★★☆

ステップ1

空所は関係詞節の中にあり、that can be tailored to meet your needs to ------- at trade shows. となっています。この部分の意味は「見本市で〜という御社のニーズを満たすように調整できる」です。

ステップ2

主節は「私どもは、カスタムメイドの展示ブースを提供しています」なので、「展示ブースは、見本市でどんなふうであれば顧客のニーズを満たせるか」を考えます。

ステップ3

(B) stand out（目立つ）を入れると、「見本市で目立つ」となり、顧客のニーズを満たせそうです。これが正解。 (A) の look up は自動詞的に使う場合は「上向く」、(D) show up は「現れる」なので、文脈に合いません。(C) make out（〜を理解する）は目的語が必要で、意味も合いません。

問題・選択肢

私どもは、見本市で目立つという御社のニーズを満たすように調整できるカスタムメイドの展示ブースを提供しています。

(A) look up　上向く
(B) stand out　目立つ
(C) make out　〜を理解する
(D) show up　現れる

Q27

Access to the manufacturing area is restricted to employees of Voltron International and guests with a visitor's pass, which must be ------- for in advance.

(A) applied
(B) obtained
(C) taken
(D) filled in

Ⓐ Ⓑ Ⓒ Ⓓ

できた …………○ あいまい ………△ できなかった …×

1回目	2回目	3回目
□	□	□

Q28

Readers around the world eagerly await the conclusion of the best-selling *Realms of Shadow and Light series*, ------- for publication next year.

(A) scheduling
(B) probable
(C) due
(D) setting

Ⓐ Ⓑ Ⓒ Ⓓ

できた …………○ あいまい ………△ できなかった …×

1回目	2回目	3回目
□	□	□

単語の意味

Q27
□ restrict 他 制限する

Q28
□ await 他 心待ちにする
□ conclusion 名 完結編

Q27 正解 (A) 動詞の選択 ―――――――――― 難易度 ★★☆

ステップ1

空所は関係詞節にあり、which must be ------- for in advance. となっています。

ステップ2

先行詞は a visitor's pass なので、「訪問者許可証が事前にどうされるのか」を考えます。空所の後の for に注目すると、次に名詞がないので、〈~ for〉の形の動詞句が受け身になったものと考えられます。この観点から、単独で意味をなす (B) obtained（獲得された）と (C) taken（取られた）を外せます。

ステップ3

(A) の apply も (D) の fill in も for と結びつきますが、apply for で「~に申し込む」、fill in for で「~を代理する」なので、(A) が正解となります。

問題・選択肢

生産現場への入場は、ヴォルトロン・インターナショナルの社員と、事前に申し込まなければならない訪問者許可証をもったゲストに制限される。

(A) applied (for)　申し込まれた　　(B) obtained　獲得された

(C) taken　取られた　　(D) filled in (for)　代理された

Q28 正解 (C) 形容詞の選択 ―――――――――― 難易度 ★★☆

ステップ1

空所は後半のカンマの後にあり、------- for publication next year. となっています。

ステップ2

空所の前は「世界中の読者が、ベストセラーである『影と光の領域』の完結編を熱い気持ちで待っている」なので、空所には「予定である」ことを意味し、「完結編」につながる言葉が入ると推測できます。

ステップ3

(C) due は「予定で」の意味があり、〈due for A〉で「A の予定で」と表現できるのでこれが正解です。 現在分詞の (A) scheduling や (D) setting では「完結編」が能動的に「予定している」「設定している」となって不可です。いずれも過去分詞にすれば for ともつながり、正解になります。(B) probable（おそらく）では、予定を表現できず、for 以下にもつながりません。

問題・選択肢

世界中の読者が、ベストセラーである『影と光の領域』の来年に出版予定の完結編を熱い気持ちで待っている。

(A) scheduling　予定している　　(B) probable　おそらく

(C) due　予定で　　(D) setting　設定している

Q29

The Oriental Ocean Hotel's offer ------- are non-refundable and unredeemable for cash, and cannot be used during future stays.

(A) equivalents
(B) priorities
(C) members
(D) components

Ⓐ Ⓑ Ⓒ Ⓓ

できた ………… ○　　1回目　2回目　3回目
あいまい ……… △
できなかった … ×

Q30

One review says that the food in Chiang Rai Heritage Restaurant is ------- but not exceptional.

(A) remarkable
(B) terrible
(C) serviceable
(D) available

できた ………… ○　　1回目　2回目　3回目
あいまい ……… △
できなかった … ×

単語の意味

Q29
□ unredeemable 形 換金できない

Q30
□ exceptional 形 類いまれな

Q29 正解 (D) 名詞の選択 ―――― 難易度 ★★★

ステップ1

空所の位置は The Oriental Ocean Hotel's offer ------- are non-refundable and unredeemable for cash, で、offerと組み合わせて使う名詞を選ぶ問題です。

ステップ2

offer はホテルが提供する「特典」のことで、全体の意味は「オリエンタル・オーシャン・ホテルの特典～は払い戻しや換金はできず、将来の宿泊にも利用できません」となります。

ステップ3

(D) components には「構成要素」の意味があるので、offer components でさまざまな「特典項目」を表現できます。これが正解。 (A) equivalents（同等物）、(B) priorities（優先事項）、(C) members（メンバー）はいずれも offer と組み合わせて適切な表現になりません。

問題・選択肢

オリエンタル・オーシャン・ホテルの特典項目は払い戻しや換金はできず、将来の宿泊にも利用できません。

(A) equivalents　同等物
(B) priorities　優先事項
(C) members　メンバー
(D) components　項目

Q30 正解 (C) 形容詞の選択 ―――― 難易度 ★★★

ステップ1

空所は that 節の中にあり、the food in Chiang Rai Heritage Restaurant is ------- but not exceptional. となっていて、主節が「あるレビューは評している」なので、料理を評価する形容詞を選びます。

ステップ2

------- but not exceptional の文脈は、「～だが、類いまれなものではない」で、空所には「普通」「まずまず」を表す形容詞がきそうです。

ステップ3

(C) serviceable は「お客に出せる」→「まずまずの」の意味なので、これが正解です。 (A) remarkable（注目すべき）は exceptional と同様の称賛の意味が出るので、(B) terrible（ひどい）では逆にネガティブな評価になって、いずれも but 以下につながりません。(D) available（利用できる）では評価になりません。

問題・選択肢

チェンライ・ヘリテージ・レストランの料理はまずまずだが、類いまれなものではないと、あるレビューは評している。

(A) remarkable　注目すべき
(B) terrible　ひどい
(C) serviceable　まずまずの
(D) available　利用できる

900点レベル

DAY 6

実戦練習 No.6

30問

(解答時間)

目標タイム 10分

✓ Part 5 に出る全種の問題をランダムに出題しています。本番の Part 5 を解くつもりで、時間も意識しながら解答してみましょう。

✓ 問題を解いたら、解説を読んでしっかり理解しておきましょう。また、日をおいて、2 回、3 回とトライしてみましょう。

✓ 成果を記入してみましょう。3 回分、記入できるようになっています。

	1st TRY	2nd TRY	3rd TRY
Score	／30問	／30問	／30問
Time	分　秒	分　秒	分　秒

Q1

Information officers research, collect, and analyze customer behavior data and ------- their use among employees.

(A) run
(B) excel
(C) proceed
(D) facilitate

Ⓐ Ⓑ Ⓒ Ⓓ

できた…………○ あいまい………△ できなかった…×	1回目	2回目	3回目
	□	□	□

Q2

Conserving the Black Forest, which is an area of outstanding natural beauty, is a monumental task for ------- and the generations to come.

(A) people
(B) anyone else
(C) us
(D) city hall

できた…………○ あいまい………△ できなかった…×	1回目	2回目	3回目
	□	□	□

単語の意味

Q1
□ analyze 他 分析する

Q2
□ conserve 他 護る
□ monumental 形 きわめて重要な

Q1 正解 (D) 動詞の選択 ―――――――――― 難易度 ★★☆

ステップ1

空所は後半の文にあり、and ------- their use among employees. となっています。their use を目的語に取る動詞を選ぶ問題です。

ステップ2

前半の文は「情報管理担当者は顧客の行動データを調査・収集・分析する」の意味で、their use の their は customer behavior data（顧客の行動データ）です。

ステップ3

「社員の間で行動データの使用をどうするか」を考えれば、(D) facilitate（促進する）が適当です。 (A) run には「運営する；管理する」の意味がありますが、use との相性はよくありません。(B) excel は「勝る」の意味で文意に合いません。(C) proceed は「進む」という自動詞なので、目的語を取れません。

問題・選択肢

情報管理担当者は顧客の行動データを調査・収集・分析し、社員の間でそれらの使用を促進する。

(A) run　運営する；管理する　　(B) excel　勝る
(C) proceed　進む　　(D) facilitate　促進する

Q2 正解 (C) 代名詞 (us) ―――――――――― 難易度 ★★☆

ステップ1

選択肢にはさまざまな表現が並びます。空所は述部にあり、is a monumental task for ------- and the generations to come. となっています。

ステップ2

この部分の意味は「～と来るべき世代にとってきわめて重要な責務である」です。また、主語は「ブラック・フォレストを護ること」です。**空所は the generations to come と and で結ばれているので、「来るべき世代（未来の人々）」と対比された言葉が入るはずです。**

ステップ3

(C) us（我々）は「現在の人々」のことなので、「来るべき世代」と対比させて並べられます。 (A) people（人々）や (B) anyone else（他の誰か）では具体的にどんな人かわかりません。(D) city hall は「市役所」で人でなく、不可です。

問題・選択肢

類いまれな自然の美しさに恵まれた地域であるブラック・フォレストを護ることは、我々と来るべき世代にとってきわめて重要な責務である。

(A) people　人々　　(B) anyone else　他の誰か
(C) us　我々　　(D) city hall　市役所

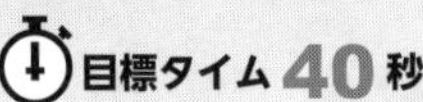

Q3

Opening a flagship shop in Tokyo would ------- the way for our nation-wide operations in Japan.

(A) break
(B) pave
(C) lead
(D) go

Ⓐ Ⓑ Ⓒ Ⓓ

できた…………○ あいまい………△ できなかった…× 1回目 □ 2回目 □ 3回目 □

Q4

I assure you that the new novel by Akira Murayama is so ------- that you will not stop turning its pages throughout the night.

(A) compel
(B) compelled
(C) compelling
(D) compellingly

Ⓐ Ⓑ Ⓒ Ⓓ

できた…………○ あいまい………△ できなかった…× 1回目 □ 2回目 □ 3回目 □

単語の意味

Q3
□flagship 名 旗艦

Q4
□assure 他 保証する

Q3 正解 (B) 動詞の選択 ——— 難易度 ★★☆

ステップ1

空所の位置は Opening a flagship shop in Tokyo would ------- the way for our nation-wide operations in Japan. で、この文の述語動詞を選ぶ問題です。

ステップ2

the way を目的語にとり、かつ主語の「東京で旗艦店をオープンすること」に合わなくてはなりません。

ステップ3

(B) pave は「舗装する」で、pave the way で「(道を) 開く」の意味で用い、「東京で旗艦店をオープンすることが日本で全国展開する道を開く」と正しい文意をつくれます。 (A) break (壊す) や (C) lead (導く) は the way を目的語にとれません。(D) go (行く) は go the way (道を行く) とはできますが、「東京で旗艦店をオープンすることが道を行く」と意味をなしません。

問題・選択肢

東京で旗艦店をオープンすることにより、日本で全国展開する道が開けるだろう。

(A) break 壊す
(B) pave (道を) 開く
(C) lead 導く
(D) go 行く

Q4 正解 (C) 品詞の識別 ——— 難易度 ★★☆

ステップ1

空所の位置は the new novel by Akira Murayama is so ------- that you will not stop turning its pages throughout the night. で、「アキラ・ムラヤマの新しい小説はとても〜で、一晩中ページをめくるのをやめられなくなる」の意味です。

ステップ2

空所には is に続く補語の要素がくるので、必要なのは形容詞または分詞です。動詞原形の (A) compel と副詞の (D) compellingly を外せます。

ステップ3

残るのは過去分詞と現在分詞ですが、動詞 compel は「強いる」の意味で、過去分詞の compelled で「強いられた」、現在分詞の compelling で「強いる」→「抗いがたいほど魅力的な」となって、compelling を選べば「ページをめくることをやめられなくなる」にうまく続きます。(C) が正解です。

問題・選択肢

アキラ・ムラヤマの新しい小説はとても魅力的で、一晩中ページをめくるのをやめられなくなることを保証します。

(A) compel 動詞 (原形)
(B) compelled 過去分詞
(C) compelling 現在分詞
(D) compellingly 副詞

Q5

Simply put, a click and mortar business is an ------- model that combines both online and physical stores.

(A) assorted
(B) outsourced
(C) exchanged
(D) integrated

Ⓐ Ⓑ Ⓒ Ⓓ

できた …………○ あいまい ………△ できなかった …×

1回目 □ 2回目 □ 3回目 □

Q6

BAS Banking's headquarters is located along Central Station Street and ------- the City Opera House.

(A) out of
(B) so far
(C) next to
(D) up to

Ⓐ Ⓑ Ⓒ Ⓓ

できた …………○ あいまい ………△ できなかった …×

1回目 □ 2回目 □ 3回目 □

単語の意味

Q5
□ click and mortar　オンライン店舗と実店舗
□ physical　形 実際の；物理的な

Q6
□ headquarters　名 本社

Q5 正解 (D) 動詞の選択 ―――――――――― 難易度 ★★☆

ステップ1

空所は後続の関係詞節の先行詞の中にあり、an ------ model that combines both online and physical stores. となっています。

ステップ2

意味は「仮想店舗と実店舗の両方を結びつける～モデル」で、これは主語のa click and mortar business を説明するものです。

ステップ3

click and mortar は「仮想店舗と実店舗」のことで、関係詞節での説明が「仮想店舗と実店舗の両方を結びつける」なので、2つのものを結びつける意味を出せる (D) integrated（統合された）が最適です。(A) assorted（分類された）、(B) outsourced（外部委託された）、(C) exchanged（交換された）はいずれも文意に合いません。

問題・選択肢

簡単に言えば、クリック・アンド・モルタル事業は、仮想店舗と実店舗の両方を結びつける統合型のモデルだ。

(A) assorted　分類された　　(B) outsourced　外部委託された
(C) exchanged　交換された　　(D) integrated　統合された

Q6 正解 (C) イディオムの選択 ―――――――――― 難易度 ★★☆

ステップ1

空所の位置は ------- the City Opera House となっています。

ステップ2

------- the City Opera House は is located に続く要素で、along Central Station Street と and を介して並列されているので、空所にも場所を示す前置詞が入ります。

ステップ3

(C) next to は「～の隣で」の意味でこれが正解です。(A) out of（～から外に）と (D) up to（～まで）は動きを表すイディオムで、立地場所を示すのには使えません。(B) so far は「それまで」と時間や程度を表し、かつ副詞系のイディオムなので不適です。

問題・選択肢

BASバンキングの本社は、中央駅通りに面していて、市立オペラハウスの隣である。

(A) out of　～から外に　　(B) so far　それまで
(C) next to　～の隣に　　(D) up to　～まで

Q7

Studies have demonstrated that Flemco's new drug Paxator is highly effective ------- treating cold and flu symptoms.

(A) at
(B) in
(C) for
(D) against

Ⓐ Ⓑ Ⓒ Ⓓ

できた …………○ あいまい ………△ できなかった …×

1回目	2回目	3回目
□	□	□

Q8

The video created by environmental evangelist Carin Strom is ------- at urging the governments in the world to accelerate measures against global warming.

(A) proposed
(B) opted
(C) aimed
(D) supposed

Ⓐ Ⓑ Ⓒ Ⓓ

できた …………○ あいまい ………△ できなかった …×

1回目	2回目	3回目
□	□	□

単語の意味

Q7
□ demonstrate 他 明らかにする
□ flu 名 インフルエンザ
□ symptom 名 症状

Q8
□ evangelist 名 伝道者；推進者
□ accelerate 他 加速する

Q7　正解 (B)　前置詞の選択 ―――――――― 難易度 ★★☆

ステップ1

選択肢にはさまざまな前置詞が並びます。空所の位置は is highly effective ------- treating cold and flu symptoms. です。

ステップ2

空所は形容詞の effective（効果的に）に続いていて、その後は treating cold and flu symptoms（風邪や流感の症状を治療すること）という「効果」の対象が続きます。

ステップ3

effective に続けて効果の対象を導く前置詞は in か against ですが、〈in doing/ 名詞〉、〈against 名詞〉で、ここでは動名詞が続いているので、(B) in が正解になります。

問題・選択肢

調査が明らかにしたところによると、フレムコの新薬パクサターは風邪や流感の症状の治療で高い効果を発揮する。

(A) at　～で　　(B) in　～で
(C) for　～のために　　(D) against　～に対して

Q8　正解 (C)　動詞の選択 ―――――――― 難易度 ★★☆

ステップ1

選択肢にはさまざまな動詞の過去分詞が並びます。空所は述語動詞の部分にあり、is ------- at urging the governments in the world to accelerate measures against global warming. となっています。

ステップ2

ポイントは受動態にして at 以下を導けるかどうかです。

ステップ3

選択肢の動詞の中で〈be Vpp at doing〉の形がとれるのは (C) aimed のみなので、これを選びます。

問題・選択肢

環境運動推進者のカーリン・ストロームによって作成された動画は、世界の各国政府に地球温暖化の対策の加速を促すことを目指すものだ。

(A) proposed　提案されて　　(B) opted　選択されて
(C) aimed　目指して　　(D) supposed　思われて

Q9

Some marketing staff members still ------- that the upcoming launch of a new game console be reconsidered because it has limited functions.

(A) urge
(B) urging
(C) urgent
(D) urgently

Ⓐ Ⓑ Ⓒ Ⓓ

できた…………○ あいまい………△ できなかった…×	1回目	2回目	3回目
	□	□	□

Q10

If applicable, you'll receive your balance-due notice within four weeks of your tax return -------.

(A) is processed
(B) to process
(C) processed
(D) being processed

Ⓐ Ⓑ Ⓒ Ⓓ

できた…………○ あいまい………△ できなかった…×	1回目	2回目	3回目
	□	□	□

単語の意味

Q9
□game console　ゲーム機

Q10
□applicable　形 該当する
□balance-due　形 不足の
□tax return　納税申告

Q9 正解 (A) 品詞の識別 ——— 難易度 ★☆☆

ステップ1

選択肢には urge を語幹としたさまざまな品詞と動詞の変化形が並んでいます。空所の位置は Some marketing staff members still ------- that ～です。

ステップ2

that 以下には2つの文がありますが、全体として that 節を構成していることをすばやく見抜く必要があります。

ステップ3

that 節が続いていることがわかれば、空所に入るのは述語動詞です。Some marketing staff members という複数の主語にも合うので、(A) urge が正解になります。

問題・選択肢

近づいている新しいゲーム機の発売はその機能が限定されているので再考されるべきだと、まだマーケティング部員の何人かが主張している。

(A) urge 動詞（原形）・名詞　(B) urging 現在分詞
(C) urgent 形容詞　(D) urgently 副詞

Q10 正解 (D) 動詞の形 ——— 難易度 ★★★

ステップ1

選択肢には動詞 process のさまざまな形が並びます。空所の位置は within four weeks of your tax return -------. で、前置詞 within の後にあります。

ステップ2

空所は名詞の tax return に続いていて、空所で文は終わるので、ここに入る要素は tax return を後ろから修飾できないといけません。これを述語動詞ではできないので、まず (A) is processed を外せます。

ステップ3

また、four weeks は納税申告が「審査されている」さなかの期間と考えられます。**進行中の状況を表すには現在分詞を使った (D) being processed が適切**で、ただの過去分詞の (C) processed は不適です。不定詞の (B) to process では「審査するための納税申告」と形容詞用法となりますが、適切な文意をつくれません。

問題・選択肢

該当する場合には、あなたの納税申告が審査されている4週間のうちに不足額の通知が送付されます。

(A) is processed 現在形（受動態）　(B) to process 不定詞
(C) processed 過去分詞　(D) being processed 現在分詞（受動態）

Q11

If you are concerned about a potential safety ------- in the factory, advise your supervisor right away.

(A) hazard
(B) precaution
(C) alert
(D) observation

Ⓐ Ⓑ Ⓒ Ⓓ

できた …………○
あいまい ………△
できなかった …×

1回目 □ 2回目 □ 3回目 □

Q12

Over the Internet or via SNS, consumers tend to accept even ------- opinions without verifying them themselves.

(A) affordable
(B) biased
(C) generous
(D) conspicuous

Ⓐ Ⓑ Ⓒ Ⓓ

できた …………○
あいまい ………△
できなかった …×

1回目 □ 2回目 □ 3回目 □

単語の意味

Q12
□ verify 他 検証する

Q11　正解 (A)　名詞の選択　難易度 ★★☆

ステップ1
空所は if 節にあり、If you are concerned about a potential safety ------- in the factory, となっています。

ステップ2
safety（安全）と組み合わせて使う名詞が必要ですが、どれも組み合わせ可能なように思えます。そこで、if 節全体の文意を見ると「もし工場で潜在的な安全の～に懸念を覚えたら」となっています。**「safety ------- に懸念を覚える」が成立するには、空所にネガティブな意味の名詞が入らないといけません。**

ステップ3
選択肢でネガティブな意味の名詞は (A) hazard（危険）のみです。

問題・選択肢
もし工場で潜在的な安全上の危険に懸念を覚えたら、すぐに上司に報告してください。

(A) hazard　危険　(B) precaution　用心
(C) alert　警報　(D) observation　遵守

Q12　正解 (B)　形容詞の選択　難易度 ★★☆

ステップ1
空所の位置は consumers tend to accept even ------- opinions で、opinions を修飾する形容詞を選ぶ問題です。

ステップ2
冒頭には「インターネットやSNSを通して」とあり、without 以下は「自分で検証することなく」の意味です。

ステップ3
「インターネットやSNSで得られて、自分で検証しない意見とはどんなものか」を考えます。(B) biased（偏向した）がぴったりです。(A) affordable（手頃な価格の）や (C) generous（気前のいい）は opinions を修飾する形容詞として不適です。(D) conspicuous（目立つ）は「検証せずに受け入れる」という文脈に合いません。

問題・選択肢
インターネットやSNSを通して、消費者は自分で検証することなく偏向した意見でも受け入れる傾向がある。

(A) affordable　手頃な価格の　(B) biased　偏向した
(C) generous　気前のいい　(D) conspicuous　目立つ

Q13

------- steep rental hikes in the past couple of years driven by surging real estate prices, many stores downtown are being forced to move elsewhere.

(A) Whereby
(B) Owing to
(C) In compliance with
(D) Since

Ⓐ Ⓑ Ⓒ Ⓓ

できた …………○
あいまい ………△
できなかった …×

1回目 2回目 3回目

Q14

Admission to the Uffizi Gallery in Florence is a "first-come, first served" basis unless otherwise -------.

(A) indicated
(B) indicating
(C) indicative
(D) indication

Ⓐ Ⓑ Ⓒ Ⓓ

できた …………○
あいまい ………△
できなかった …×

1回目 2回目 3回目

単語の意味

Q13
□hike 名 上昇
□surge 自 急上昇する

Q14
□first-come, first served 来場順にサービスされる

Q13 正解 (B) イディオムの選択 ———— 難易度 ★★☆

ステップ1

空所はカンマまでの前半にあり、------- steep rental hikes in the past couple of years driven by surging real estate prices, となっています。

ステップ2

空所の後は名詞の要素なので、関係副詞の (A) Whereby (= by which) をまず外せます。意味を見ると、前半は「不動産価格の急騰によって引き起こされた過去2年の家賃の高騰」、後半は「繁華街の多くの店は他の地域への移転を余儀なくされている」です。

ステップ3

前半が後半の理由になっているので、(B) Owing to（～のために）が正解になります。(D) Since は理由で使うのは接続詞の場合なので、不可。(C) In compliance with（～を遵守して）は文意に合いません。

問題・選択肢

不動産価格の急騰によって引き起こされた過去2年の家賃の高騰のために、繁華街の多くの店は他の地域への移転を余儀なくされている。

(A) Whereby それによって～するところの　(B) Owing to ～のために
(C) In compliance with ～を遵守して　(D) Since ～から；～ので

Q14 正解 (A) 品詞の識別 ———— 難易度 ★★☆

ステップ1

選択肢には動詞 indicate の変化形と派生語が並びます。空所は unless の導く句にあり、unless otherwise -------. となっています。

ステップ2

unless otherwise ------- は〈接続詞 + 副詞 + ～〉なので、空所に名詞がくることはありません。よって (D) indication は不可です。また、形容詞の (C) indicative（示して）は叙述用法では be indicative of [that] の形で使うので、これも空所に合いません。

ステップ3

過去分詞か現在分詞かですが、この文の主語である Admission（入場）がモノなので、「示す」ではなく「示される」という主述関係になり、過去分詞の (A) indicated が適切です。「別途示されていないかぎり」となります。

問題・選択肢

フィレンツェのウフィッツィ美術館への入館は、別途示されていないかぎり、「来場順」が基本だ。

(A) indicated 過去分詞　(B) indicating 現在分詞
(C) indicative 形容詞　(D) indication 名詞

目標タイム 40 秒

Q15

The president didn't expect the sales director Aurora Karisson's abrupt departure in -------.

(A) slight
(B) slights
(C) slighter
(D) the slightest

Ⓐ Ⓑ Ⓒ Ⓓ

できた …………○ あいまい ………△ できなかった …×

1回目 □ 2回目 □ 3回目 □

Q16

Unless you notify Cinestream, Inc. of your intention to terminate your contract before the present term expires, it will be renewed -------.

(A) roughly
(B) accidentally
(C) automatically
(D) exceptionally

Ⓐ Ⓑ Ⓒ Ⓓ

できた …………○ あいまい ………△ できなかった …×

1回目 □ 2回目 □ 3回目 □

単語の意味

Q15
□ abrupt 形 突然の
□ departure 名 退任

Q16
□ terminate 他 終了する
□ expire 自 終わる；失効する

Q15 正解 (D) 比較表現 —— 難易度 ★★☆

ステップ1

選択肢には slight のさまざまな形が並びます。空所は最後にあり、in ------ の形になっています。

ステップ2

slight は形容詞（わずかな）だけでなく、名詞（軽視）・動詞（軽視する）としても使えます。この文の意味は「社長は、販売担当役員のアウロラ・カリソンの突然の退任を～予測していなかった」なので、空所に名詞や動詞の意味では使えないことがわかります（文法的にも無理です）。

ステップ3

in の後では形容詞も原則、使えませんが、最上級の slightest はイディオムとして not ～ in the slightest（少しも～ない）として使えます。よって、(D) が正解になります。同様の形に not ～ in the least（まったく～ない）があります。

問題・選択肢

社長は、販売担当役員のアウロラ・カリソンの突然の退任を少しも予測していなかった。

(A) slight　形容詞・名詞・動詞（原形）　(B) slights　名詞（複数）・動詞（三単現）
(C) slighter　形容詞（比較級）　(D) the slightest　the + 形容詞（最上級）

Q16 正解 (C) 副詞の選択 —— 難易度 ★★☆

ステップ1

空所は後ろの主節にあり、it will be renewed -------. となっています。will be renewed（更新される）を修飾する副詞を選ぶ問題です。

ステップ2

カンマまでの従属節の文意を見ると、「現在の契約期間が切れる前に契約を終了する意思をシネストリーム社に通告しないなら」という条件が書かれています。

ステップ3

「契約を終了する意思を通告しないなら契約がどのように更新されるか」を考えると、(C) automatically（自動的に）が適切だとわかります。他の選択肢では契約更新の様態を表現できません。

問題・選択肢

現在の契約期間が切れる前に契約を終了する意思をシネストリーム社に通告しないなら、それは自動的に更新されます。

(A) roughly　おおよそ　(B) accidentally　偶然に
(C) automatically　自動的に　(D) exceptionally　例外的に

Q17

Greenway Solutions has had to relocate to a larger office space twice in the past five years in order to ------- ongoing expansion of its workforce.

(A) enlarge
(B) suspend
(C) intensify
(D) accommodate

Ⓐ Ⓑ Ⓒ Ⓓ

できた …………○ 1回目 2回目 3回目
あいまい ………△
できなかった …×

Q18

Despite the up-front cost being much higher than a gasoline-powered car, studies show that buying an electrical vehicle will generate financial savings -------.

(A) at the most
(B) in addition
(C) in the long run
(D) for example

Ⓐ Ⓑ Ⓒ Ⓓ

できた …………○ 1回目 2回目 3回目
あいまい ………△
できなかった …×

単語の意味

Q17
☐ relocate 自 移転する
☐ ongoing 形 進行中の

Q18
☐ up-front 形 初期の
☐ generate 他 つくりだす

Q17 正解 (D) 動詞の選択 ―――――――――― 難易度 ★★☆

ステップ1

空所は不定詞句の中にあり、in order to ------- ongoing expansion of its workforce. となっています。意味は「社員の継続的な増加に～ために」です。

ステップ2

主文の意味は「グリーンウェイ・ソリューションズは、過去5年間に2度、より大きな事務所に移転しなければならなかった」です。

ステップ3

「過去5年間に2度も引っ越したのは社員の継続的な増加にどうするためか」を考えて、(D) accommodate（対応する）を選んで「社員の継続的な増加に対応するために」とすれば文意が通ります。(B) suspend（中止する）では引っ越しをする必要がなくなります。(A) enlarge（増大させる）と (C) intensify（強化する）は expansion を強調するだけで、引っ越しをする目的を説明できません。

問題・選択肢

グリーンウェイ・ソリューションズは、社員の継続的な増加に対応するために、過去5年間に2度、より大きな事務所に移転しなければならなかった。

(A) enlarge　増大させる　　(B) suspend　中止する
(C) intensify　強化する　　(D) accommodate　対応する

Q18 正解 (C) イディオムの選択 ―――――――――― 難易度 ★★☆

ステップ1

空所はカンマの後にあり、studies show that buying an electrical vehicle will generate financial savings -------. となっています。

ステップ2

この部分の文意は「電気自動車を購入するほうが～お金の節約になることを調査は示している」です。「電気自動車はどんなふうにお金の節約になるか」を考えます。

ステップ3

カンマまでの前半は「ガソリン車よりも初期コストははるかにかかるが」なので、(C) in the long run を選んで「長期的にはお金の節約になる」とすれば文意が通ります。他のイディオムはどれもこの文脈に合いません。

問題・選択肢

ガソリン車よりも初期コストははるかにかかるが、電気自動車を購入するほうが長期的にはお金の節約になることを調査は示している。

(A) at the most　多くても　　(B) in addition　加えて
(C) in the long run　長期的には　　(D) for example　例えば

Q19

It is necessary for visitors to make ------- reservations in order to tour the temple's main hall.

(A) advance
(B) advanced
(C) advancing
(D) advancement

Ⓐ Ⓑ Ⓒ Ⓓ

できた…………○ あいまい………△ できなかった…× 1回目 2回目 3回目

Q20

The Leighton Art Gallery will be closed until further notice ------- carrying out urgent repair work on the building's electrical and heating systems.

(A) for
(B) while
(C) than
(D) whenever

Ⓐ Ⓑ Ⓒ Ⓓ

できた…………○ あいまい………△ できなかった…× 1回目 2回目 3回目

単語の意味

Q19
□ tour 他 見学する；拝観する

Q20
□ further notice 追っての通知

Q19 正解 (A) 品詞の識別 —— 難易度 ★★☆

ステップ1

選択肢には advance を語幹とするさまざまな形が並びます。なお、advance は名詞・形容詞・動詞のどの品詞としても使えます。空所の位置は make ------- reservations で、文法的にはどの選択肢にも可能性があります。

ステップ2

動詞の advance は「進む」の意味で、過去分詞の (B) advanced は「進んだ；進歩した」、現在分詞の (C) advancing は「進んでいる」。また、(D) advancement は「進歩」で、意味的にどれも reservations を修飾できません。

ステップ3

(A) advance を形容詞と考えれば「事前の」の意味で、「事前の予約」となって文意に適います。よって、(A) が正解です。

問題・選択肢

その寺院の本堂を拝観するためには、訪問者は事前の予約をすることが必要だ。

(A) advance 名詞・形容詞・動詞（原形） (B) advanced 過去分詞
(C) advancing 現在分詞 (D) advancement 名詞

Q20 正解 (B) 接続詞 (while) —— 難易度 ★★☆

ステップ1

空所の位置は ------- carrying out urgent repair work on the building's electrical and heating systems. となっています。

ステップ2

空所の前までは「レイトン・アートギャラリーは、追っての通知があるまで閉鎖となります」で、完結した文です。これに空所以下を続けることを考えます。

ステップ3

carrying が現在分詞であると考えると、接続詞の while は〈while Ving〉（～をしている間）の形が可能なので、(B) が正解になります。時間の長さを表す前置詞 for の後ろに動名詞（現在分詞はもちろん）は続けられないので、(A) は不可。(C) than は further との関係から選ばせるひっかけの選択肢で、ここに入れても意味をなしません。(D) whenever（～のときはいつでも）では意味的に前の文につながりません。

問題・選択肢

レイトン・アートギャラリーは、建物の電気と暖房システムへの緊急の改修作業を行っている間、追っての通知があるまで閉鎖となります。

(A) for 前置詞（～の間） (B) while 接続詞（～の間）
(C) than 接続詞（～よりも） (D) whenever 接続詞（～のときはいつでも）

Q21

Sports Wear Corporation is often called SWC, and this ------- is more popular than the original name.

(A) avatar
(B) excerpt
(C) buzzword
(D) abbreviation

Ⓐ Ⓑ Ⓒ Ⓓ

できた…………○ あいまい………△ できなかった…× 1回目 2回目 3回目

Q22

A preliminary study is necessary to confirm ------- the proposed site is suitable or not for a high-rise condominium.

(A) what
(B) which
(C) why
(D) whether

Ⓐ Ⓑ Ⓒ Ⓓ

できた…………○ あいまい………△ できなかった…× 1回目 2回目 3回目

単語の意味

Q22

□ preliminary 形 予備の
□ high-rise 形 高層の

Q21 正解 (D) 名詞の選択 ———— 難易度 ★★★

ステップ1

空所はカンマの後にあり、and this ------ is more popular than the original name. となっています。

ステップ2

this という指示形容詞が使われているので前半の文を見ると、Sports Wear Corporation は the original name に対応するので、SWC が this ------ に対応すると考えられます。

ステップ3

SWC は Sports Wear Corporation の「略語」なので、(D) abbreviation が正解です。(A) avatar（アバター）は「分身」の意味で、ネット上の似顔絵などを指し、ここには当てはまりません。(B) excerpt は本などからの一部内容の「抜粋」の意味で不適。(C) buzzword は「流行語」の意味で、この文脈に合いません。

問題・選択肢

スポーツ・ウエア・コーポレーションはよくSWCと呼ばれていて、この略語が本来の名前よりも有名である。

(A) avatar　アバター　　(B) excerpt　抜粋
(C) buzzword　流行語　　(D) abbreviation　略語

Q22 正解 (D) 接続詞（whether）———— 難易度 ★★☆

ステップ1

空所は動詞 confirm に続く部分の冒頭にあります。confirm ------ the proposed site is suitable or not for a high-rise condominium. となっていて、空所に入る疑問詞または接続詞を選ぶ問題です。

ステップ2

空所の後は〈S V C〉のある完全な文です。よって、(A) what や (B) which のようなモノ・事を聞く疑問詞を使うことはできません。

ステップ3

or not があることに注目すると、これに呼応する (D) whether を入れると、「予定されている用地が高層分譲マンションに適するかどうかを確認する」となって文意が通ります。(C) why では or not のある文を導けません。

問題・選択肢

予定されている用地が高層分譲マンションに適するかどうかを確認するために、予備調査が必要だ。

(A) what　疑問詞（何～）　　(B) which　疑問詞（どの～）
(C) why　疑問詞（なぜ～）　　(D) whether　接続詞（～かどうか）

Q23

Despite investing heavily in marketing, Funworld Toys' efforts to improve its market share have proved ------- so far.

(A) desirable
(B) economical
(C) disappointing
(D) remarkable

Ⓐ Ⓑ Ⓒ Ⓓ

できた……○ あいまい……△ できなかった…×

1回目	2回目	3回目

Q24

Executives at both Louven Media and Keller Communications are confident that the partnership ------- the two companies will result in long-term benefits for their customers.

(A) with
(B) between
(C) over
(D) amid

Ⓐ Ⓑ Ⓒ Ⓓ

できた……○ あいまい……△ できなかった…×

1回目	2回目	3回目

Q23 正解 (C) 形容詞の選択 ―――――― 難易度 ★★☆

ステップ1
空所は後半にあり、Funworld Toys' efforts to improve its market share have proved ------- so far. となっています。

ステップ2
「ファンワールド・トイズの市場占有率を改善しようとする努力がどんな結果になっているか」を考えます。前半は Despite で始まり「マーケティングに大きな投資を行ったにもかかわらず」の意味なので、空所にはネガティブな結果を意味する形容詞が入るはずです。

ステップ3
選択肢でネガティブな意味をもつものは (C) disappointing（期待外れの）です。(A) desirable（望ましい）と (D) remarkable（目覚ましい）はポジティブな意味なので不可。(B) economical（節約する）では努力の結果を示せません。

問題・選択肢
マーケティングに大きな投資を行ったにもかかわらず、ファンワールド・トイズの市場占有率を改善しようとする努力は今のところ期待外れの結果になっている。

(A) desirable 望ましい
(B) economical 節約する
(C) disappointing 期待外れの
(D) remarkable 目覚ましい

Q24 正解 (B) 前置詞の選択 ―――――― 難易度 ★☆☆

ステップ1
空所は that 節の主語の中にあり、the partnership ------- the two companies となっています。partnership と the two companies を結びつける前置詞を選びます。

ステップ2
空所には the two companies と２つの要素が続いていることがポイントです。

ステップ3
２つのものを結びつける前置詞 (B) between を選べば「２社の間の提携」と正しい表現になります。(A) with は、後に提携する相手がきて「～との提携」になるので、ここでは使えません。(C) over の場合は、後には提携内容がこないといけません。(D) amid は空間・時間的に「～の真ん中に」を表すので不適です。

問題・選択肢
ルーヴェン・メディアとケラー・コミュニケーションズ両社の幹部は、２社の間の提携が顧客に長期的な利益をもたらす結果になると自信をもっている。

(A) with ～と一緒の
(B) between ～の間の
(C) over ～についての
(D) amid ～の真ん中に

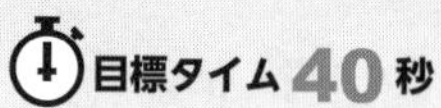

Q25

With still no approval from the board, Director David Tellman is looking ------- off his real-estate division from the company.

(A) spun
(B) spinning
(C) to spin
(D) for spinning

Ⓐ Ⓑ Ⓒ Ⓓ

できた…………○ あいまい………△ できなかった…× 1回目 □ 2回目 □ 3回目 □

Q26

If visiting Lamsdale during the fall, you should pack both cold- and warm-weather clothes, as temperatures vary ------- at this time of year.

(A) greatly
(B) narrowly
(C) alternately
(D) apparently

Ⓐ Ⓑ Ⓒ Ⓓ

できた…………○ あいまい………△ できなかった…× 1回目 □ 2回目 □ 3回目 □

単語の意味

Q25
□ real-estate 形 不動産の

Q26
□ vary 自 変化する

Q25 正解 (C) 動詞の形 —— 難易度 ★★☆

ステップ1

空所の位置は David Tellman is looking ------- off his real-estate division from the company. となっています。また、spin は off と組み合わせて「〜を分離独立させる」の意味の動詞句になることを押さえましょう。

ステップ2

動詞 look に spin のどの形をつなぐかですが、冒頭の「取締役会からの承認はまだ下りていないが」から、is looking ------- off は David Tellman の不動産部門を分離独立させる「計画・意向」と考えられます。

ステップ3

計画・意向は〈be looking to do〉で表せるので、不定詞の (C) to spin が正解になります。〈be looking for A〉の A は名詞で、意味も「A を探している」なので (D) for spinning は形は不適です。過去分詞や現在分詞を続けられるのは look を「〜のようだ」の意味で使う場合なので、(A) と (B) は誤りです。

問題・選択肢

取締役会からの承認はまだ下りていないが、取締役のデイビッド・テルマンは会社から自分の不動産部門を分離独立させることを計画している。

(A) spun 過去分詞　　(B) spinning 現在分詞
(C) to spin 不定詞　　(D) for spinning for + 動名詞

Q26 正解 (A) 副詞の選択 —— 難易度 ★★☆

ステップ1

空所は as 以下にあり、as temperatures vary ------- at this time of year. となっています。「気温がどのように変化するか」を表す副詞を選ぶ問題です。

ステップ2

前半の文では「寒さと暑さの両方に対応する服を詰めておくべきだ」とアドバイスされています。

ステップ3

つまり、気温は「大きく変化する」と考えられるので、(A) greatly が正解になります。(B) narrowly（狭く）では逆の意味になり不可。(C) alternately は「交互に」の意味で、気温の寒暖を表せません。(D) apparently は「外見上は」の意味で、この文脈に合いません。

問題・選択肢

もし秋にラムズデールを訪れるなら、1年のこの時期は気温が大きく変化するので、寒さと暑さの両方に対応する服を詰めておくべきだ。

(A) greatly 大きく　　(B) narrowly 狭く
(C) alternately 交互に　　(D) apparently 外見上は

目標タイム 40 秒

Q27

While it was Ms. Kato ------- who requested that the meeting date be brought forward, she was unable to attend due to other pressing business.

(A) herself
(B) by
(C) just
(D) the one

Ⓐ Ⓑ Ⓒ Ⓓ

	1回目	2回目	3回目
できた …………○ あいまい ………△ できなかった …×	□	□	□

Q28

The mission of Blue Water Investments is to uncover a hidden gem among still ------- small companies and startups.

(A) budding
(B) leading
(C) flourishing
(D) bankrupt

Ⓐ Ⓑ Ⓒ Ⓓ

	1回目	2回目	3回目
できた …………○ あいまい ………△ できなかった …×	□	□	□

単語の意味

Q27
□ bring forward　～を早める
□ pressing　形 急を要する

Q28
□ uncover　他 見つける

DAY 1 DAY 2 DAY 3 DAY 4 DAY 5 DAY 6 DAY 7 DAY 8

Q27 正解 (A) 再帰代名詞 難易度 ★★☆

ステップ1

空所は前半の従属節の中にあり、While it was Ms. Kato ------- who requested that the meeting date be brought forward, となっています。

ステップ2

ポイントはこの文が〈it was A who ～〉の形の強調構文になっているのを見抜くことです。空所には強調の対象である Ms. Kato をさらに強調する表現が入ると考えられます。

ステップ3

再帰代名詞は前出の言葉を強調する機能があるので、(A) herself が正解になります。 前置詞の (B) by はこの位置に入れる文法的根拠がありません。副詞の (C) just は強調対象の前に置かなくてはいけません。(D) the one をここに入れると強調すべきものが Ms. Kato と被ります。

問題・選択肢

会議の日程を早めるように求めたのはカトウさん自身だったが、彼女は他の急な用件のため出席できなかった。

(A) herself 再帰代名詞 (B) by 前置詞
(C) just 副詞 (D) the one the + 不定代名詞

Q28 正解 (A) 形容詞の選択 難易度 ★★★

ステップ1

空所は補語の不定詞句にあり、to uncover a hidden gem among still ------- small companies and startups. となっています。ここの意味は「まだ～小企業や新興企業の中に隠れた宝石を見つけること」です。

ステップ2

主語は「ブルーウォーター・インベストメンツの使命」で、その使命が「どんな小企業や新興企業の中に隠れた宝石を見つけることなのか」を考えます。

ステップ3

「隠れた宝石」と言うくらいなのでポジティブな言葉で、still（まだ）とあることから「大きくは発展していない」必要があります。この2つの条件を満たすのは (A) budding（芽生えたばかりの）だけです。

問題・選択肢

ブルーウォーター・インベストメンツの使命は、まだ芽生えたばかりの小企業や新興企業の中に隠れた宝石を見つけることだ。

(A) budding 芽生えたばかりの (B) leading 一流の
(C) flourishing 繁栄している (D) bankrupt 破産した

Q29

Although it was released fifty years ago, “Space Odyssey” is still ------- the best SF movie of all time.

(A) diversely
(B) arguably
(C) legibly
(D) furthermore

Ⓐ Ⓑ Ⓒ Ⓓ

できた…………○ あいまい………△ できなかった…× | 1回目 □ | 2回目 □ | 3回目 □

Q30

------- the candidates interviewed thus far for the marketing manager position, none have possessed the desired combination of skills, qualifications, and practical experience.

(A) Apart from
(B) Despite
(C) Of
(D) Neither

Ⓐ Ⓑ Ⓒ Ⓓ

できた…………○ あいまい………△ できなかった…× | 1回目 □ | 2回目 □ | 3回目 □

単語の意味

Q30
□ thus far　これまで
□ qualification　名 資格

Q29 正解 (B) 副詞の選択 ——————— 難易度 ★★★

ステップ1

空所は後半の主節にあり、"Space Odyssey" is still ------- the best SF movie of all time. となっています。

ステップ2

この部分の意味は「『宇宙の旅』はまだ〜すべての時代で最高のSF映画だ」です。前半は「それは50年前に公開されたものだが」なので、空所には「最高の映画」であるという意見を強調する副詞が入ると推測できます。

ステップ3

意見を強調する機能をもつ副詞は (B) arguably（間違いなく）なので、これが正解です。(A) diversely（さまざまに）や (D) furthermore（さらに）では意見を強調することができません。(C) legibly は「(文字が) 読みやすく」の意味で、この文脈では使えません。

問題・選択肢

それは50年前に公開されたものだが、『宇宙の旅』はまだ間違いなくすべての時代で最高のSF映画だ。

(A) diversely　さまざまに　　(B) arguably　間違いなく
(C) legibly　読みやすく　　(D) furthermore　さらに

Q30 正解 (C) 前置詞 (of) ——————— 難易度 ★★☆

ステップ1

空所は冒頭にあり、カンマまでは ------- the candidates interviewed thus far for the marketing manager position, となっています。

ステップ2

none に注目すると、文構造的に none に続く主語を構成する要素が文頭に出たと考えることができます。

ステップ3

〈none of 〜〉の of 〜が文頭に出たと考えて、所属を表す (C) Of を選びます。
(A) Apart from（〜を別にして）では、面接した候補者以外にも候補者がいたような、おかしな文になります。空所の次は the candidates なので (B) Despite だと「候補者にもかかわらず」となって意味をなしません。(D) Neither（〜もない）が呼応するのは nor なので、none とは関係ありません。

問題・選択肢

マーケティング部長職としてこれまで面接してきた候補者の中で、技術と資格、実務経験の望ましい組み合わせをだれももっていなかった。

(A) Apart from　〜を別にして　　(B) Despite　〜にもかかわらず
(C) Of　〜の中で　　(D) Neither　〜もない

950点レベル

DAY 7

実戦練習 No.7

30問

✓ Part 5に出る全種の問題をランダムに出題しています。本番のPart 5を解くつもりで、時間も意識しながら解答してみましょう。

✓ 問題を解いたら、解説を読んでしっかり理解しておきましょう。また、日をおいて、2回、3回とトライしてみましょう。

✓ 成果を記入してみましょう。3回分、記入できるようになっています。

	1st TRY	2nd TRY	3rd TRY
Score	／30問	／30問	／30問
Time	分　秒	分　秒	分　秒

目標タイム 40 秒

Q1

As to no accessibility to the company network, the persons ------- are advised to promptly contact the administration department.

(A) concerning
(B) concerned
(C) who concerned
(D) concernedly

Ⓐ Ⓑ Ⓒ Ⓓ

できた…………○ あいまい………△ できなかった…× 1回目 □ 2回目 □ 3回目 □

Q2

Novelist Albert Lacroix has been declining any speaking ------- to concentrate on his new mystery.

(A) employments
(B) banquets
(C) engagements
(D) platforms

Ⓐ Ⓑ Ⓒ Ⓓ

できた…………○ あいまい………△ できなかった…× 1回目 □ 2回目 □ 3回目 □

単語の意味

Q1
□accessibility 名 使えること
□promptly 副 すぐに

Q1 正解 (B) 品詞の識別 ——— 難易度 ★★☆

ステップ1

空所の位置は the persons ------ are advised to promptly contact the administration department. です。

ステップ2

the persons だけではどんな人かわからず、空所が後ろから the persons を修飾してその説明をすると考えます。この観点から、副詞の (D) concernedly は後続の動詞にかかるので、不適です。位置も be 動詞 are の後でないといけません。

ステップ3

(B) concerned は「関係する」の意味で、名詞を後ろから修飾できます。ここでは「関係する人」になり、これが正解。 (A) concerning と現在分詞にすると(前置詞と考えても同様)後ろに目的語の要素が必要になるので、不可。(C) who concerned は concern が他動詞なので、これも後ろに目的語が必要です。

問題・選択肢

会社のネットワークが使えない問題について、関係する人はすぐに総務部に連絡を入れてください。

(A) concerning 現在分詞・前置詞　　(B) concerned 過去分詞
(C) who concerned who + 過去形　　(D) concernedly 副詞

Q2 正解 (C) 名詞の選択 ——— 難易度 ★★☆

ステップ1

空所の位置は has been declining any speaking ------ to concentrate on his new mystery. です。

ステップ2

空所に入るのは speaking と組み合わせて使う名詞で、「講演の～」となります。また文脈から「新しいミステリーに集中するために断っている」ものです。

ステップ3

(C) engagements には「約束」の意味があるので、これが文脈に合います。 (A) employments は雇用されて行う「仕事」を指し、単発の講演には当てはまりません。(B) banquets (宴会) は speaking と組み合わせることができません。(D) platforms (演台) は speaking とは合っても、declining の目的語になりません。

問題・選択肢

小説家のアルベール・ラクロワは新しいミステリーに集中するためにどんな講演の約束も断っている。

(A) employments 仕事　　(B) banquets 宴会
(C) engagements 約束　　(D) platforms 演台

Q3

Dominated by warehouses and other industrial buildings ------- Haversham was a thriving port city, the docklands area is now known for restaurants, galleries, and IT companies.

(A) that
(B) when
(C) which
(D) where

Ⓐ Ⓑ Ⓒ Ⓓ

できた…………○ あいまい………△ できなかった…× 1回目 2回目 3回目

Q4

The Georgetown Fine Arts Museum will host an exhibition ------- to 20th-century Colombian artist Manuel Cuadrado's early abstract paintings and sculptures.

(A) devoted
(B) subject
(C) adjacent
(D) patronized

Ⓐ Ⓑ Ⓒ Ⓓ

できた…………○ あいまい………△ できなかった…× 1回目 2回目 3回目

単語の意味

Q3
□ thrive 自 繁栄する
□ dockland 名 波止場地域

Q4
□ abstract 形 抽象的な
□ sculpture 名 彫刻

Q3 正解 (B) 接続詞 (when) ―――――――― 難易度 ★★☆

ステップ1

空所の位置は、Dominated by warehouses and other industrial buildings ------- Haversham was a thriving port city, で、分詞構文の句の中にあります。

ステップ2

空所の後は要素の揃った完全な文になっているので、関係代名詞の入る余地はなく、まず (C) which を外せます。(A) that は関係代名詞としては同様に不可ですが、接続詞（～という）としても前の言葉につながらず不可です。

ステップ3

主文の動詞が is と現在形で、空所の後の文が過去形であることに着目すると「ヘイバーシャムが繁栄する港町だったときには倉庫や他の産業ビルに占拠されていたが」とすれば文意が通るので接続詞の (B) when が正解です。関係副詞の (D) where では前後を適切につなぐことができません。

問題・選択肢

波止場地域は、ヘイバーシャムが繁栄する港町だったときには倉庫や他の産業ビルに占拠されていたが、今ではレストランやギャラリー、IT企業で有名である。

(A) that 接続詞・関係代名詞　(B) when 接続詞
(C) which 関係代名詞　(D) where 関係副詞

Q4 正解 (A) 形容詞・分詞の選択 ―――――――― 難易度 ★★☆

ステップ1

空所の位置は will host an exhibition ------- to 20th-century Colombian artist Manuel Cuadrado's early abstract paintings and sculptures. です。

ステップ2

空所は exhibition（展覧会）と abstract paintings and sculptures（抽象絵画と彫刻）をつないでいるので、両者の関係を考えます。

ステップ3

動詞 devote は「捧げる」なので、受け身にして devoted to とすると「～に捧げられる」→「～をテーマにする」の意味になるので、(A) が正解です。(B) subject（受けやすい）も (C) adjacent（近隣の）も to と結びつきますが、文意に合いません。(D) patronized は「ひいきにされた」でここでは意味をなさず、to 以下にもつながりません。

問題・選択肢

ジョージタウン・ファインアート美術館は、20世紀のコロンビアの芸術家であるマヌエル・クアドラドの初期の抽象絵画と彫刻をテーマとする展覧会を開催する。

(A) devoted 捧げられる；テーマにする　(B) subject 受けやすい
(C) adjacent 近隣の　(D) patronized ひいきにされた

Q5

------- the power supply was unaffected for most residents across the city during last night's storm, some homes on the north shore suffered temporary power outages.

(A) Even
(B) So that
(C) Whereas
(D) Once

Ⓐ Ⓑ Ⓒ Ⓓ

できた…………○ あいまい………△ できなかった…× 1回目 2回目 3回目

Q6

Once the air intake filter reaches the end of its lifespan, follow the steps outlined in the machine's manual in order to ------- it.

(A) replace
(B) insert
(C) assemble
(D) prevent

Ⓐ Ⓑ Ⓒ Ⓓ

できた…………○ あいまい………△ できなかった…× 1回目 2回目 3回目

単語の意味

Q5
□unaffected 形 影響を受けない
□power outage 停電

Q6
□intake 名 吸入
□lifespan 名 製品寿命

Q5 正解 (C) 接続詞 (whereas) ——— 難易度 ★★☆

ステップ1

空所は前半の ------- the power supply was unaffected for most residents across the city during last night's storm, の冒頭にあります。

ステップ2

この位置に副詞を置くことはできないので、まず (A) Even を外せます。意味を見ると、前半は「昨夜の暴風雨の間、市のほとんどの住民は電力供給に問題がなかった」、後半は「北岸地域のいくつかの家は一時的な停電に見舞われた」です。

ステップ3

前後半は反対の状況なので、対比関係をつくれる接続詞の (C) Whereas (～の一方) を選びます。 (B) So that (～ために) は「目的」、(D) Once (いったん～すれば) は「一時的なとき」を表すので、この空所には合いません。

問題・選択肢

昨夜の暴風雨の間、市のほとんどの住民は電力供給に問題がなかった一方、北岸地域のいくつかの家は一時的な停電に見舞われた。

(A) Even 副詞 (～でさえ)　(B) So that 接続詞 (～ために)
(C) Whereas 接続詞 (～の一方)　(D) Once 接続詞 (いったん～すれば)

Q6 正解 (A) 動詞の選択 ——— 難易度 ★★☆

ステップ1

空所は後半の命令文の中にあって、follow the steps outlined in the machine's manual in order to ------- it. となっています。

ステップ2

この部分の意味は「それを～ために機械のマニュアルに説明された手順に従ってください」です。カンマまでの前半は「空気吸入フィルターが製品寿命に達したら」です。

ステップ3

------- it の it は filter を指すので、「製品寿命に達したらフィルターをどうするか」を考えて、(A) replace (交換する) を選びます。 (B) insert (挿入する)、(C) assemble (組み立てる) は製品寿命に達したときの対処法として不適です。(D) prevent (妨げる) は部品交換の文脈に合いません。

問題・選択肢

空気吸入フィルターが製品寿命に達したら、それを交換するために機械のマニュアルに説明された手順に従ってください。

(A) replace 交換する　(B) insert 挿入する
(C) assemble 組み立てる　(D) prevent 妨げる

Q7

You must go through certain ------- such as a security check before entering the laboratory building.

(A) settlement
(B) accountability
(C) formalities
(D) dealings

Ⓐ Ⓑ Ⓒ Ⓓ

できた ………… ○
あいまい ……… △
できなかった … ×

1回目	2回目	3回目

Q8

Sales associates work with customers to find out what they want, ensure a smooth sales process ------- transactions.

(A) which handles
(B) handling
(C) to handle
(D) and handle

Ⓐ Ⓑ Ⓒ Ⓓ

できた ………… ○
あいまい ……… △
できなかった … ×

1回目	2回目	3回目

単語の意味

Q7
□ go through　〜を通過する；〜を経る

Q8
□ transaction　名 取引

Q7 正解 (C) 名詞の選択 ―――――――――――― 難易度 ★★☆

ステップ1

空所の位置は You must go through certain ------- であり、certain が修飾する名詞を選ぶ問題です。

ステップ2

ヒントは空所の後の such as a security check before entering the laboratory building で、これは「研究所の建物に入る前には保安検査などの」の意味です。

ステップ3

「建物に入る前の保安検査がどんなものか」を考えると、(C) formalities（手続き）が適当であることがわかります。他の選択肢は「保安検査」を表現できる言葉ではありません。

問題・選択肢

研究所の建物に入る前には保安検査などの決まった手続きを経なければならない。

(A) settlement 和解；解決　(B) accountability 報告義務
(C) formalities 手続き　(D) dealings 商取引

Q8 正解 (D) 動詞の形 ―――――――――――― 難易度 ★★★

ステップ1

空所は不定詞の中にあり、to find out what they want, ensure a smooth sales process ------- transactions. となっています。

ステップ2

この文の構造に着目することがポイントです。find out what they want と ensure a smooth sales process はカンマで区切られているので、空所が (A) which handles、(B) handling、(C) to handle のどの形であっても process と transactions がつながってしまって、カンマで２つの動詞を結びつける（and でなければならない）という不自然な状態になります。

ステップ3

動詞の並びは〈A, B and C〉となると考えて、(D) and handle を選びます。

問題・選択肢

販売員は顧客と一緒に働くことで、彼らが求めるものを見つけ、販売プロセスを円滑に進め、取引を処理する。

(A) which handles which + 三単現　(B) handling 現在分詞
(C) to handle 不定詞　(D) and handle and + 原形

Q9

"Wind on the Go" ------- the stereotype that an electric fan runs on the floor of your room.

(A) reinforced
(B) defied
(C) optimized
(D) complied with

Ⓐ Ⓑ Ⓒ Ⓓ

できた…………○ あいまい………△ できなかった…×	1回目	2回目	3回目
	□	□	□

Q10

We'll individually deal with any problems ------- those discussed at the last meeting.

(A) against
(B) under
(C) aside
(D) beyond

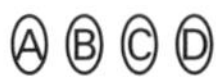

できた…………○ あいまい………△ できなかった…×	1回目	2回目	3回目
	□	□	□

Q9
□ stereotype 名 既成概念

Q10
□ individually 副 個別に

Q9 正解 (B) 動詞の選択 ——— 難易度 ★★★

ステップ1

空所は述語動詞の位置にあり、“Wind on the Go” ------- the stereotype that an electric fan runs on the floor of your room. となっています。

ステップ2

商品名の “Wind on the Go” の on the Go は「お出かけの」の意味で、携帯用の扇風機のことです。それが「電気扇風機が部屋の床で稼働するという既成概念をどうしたか」を考えます。

ステップ3

文脈から「既成概念を壊した」と推測できるので、(B) defied（打ち破った）が正解です。(A) reinforced（強化した）や (D) complied with（遵守した）では既成概念を踏襲することになり、文脈に合いません。(C) optimized（最適化した）でも既成概念を否定できないので、これも誤りです。

問題・選択肢

『お出かけの風』は、電気扇風機が部屋の床で稼働するという既成概念を打ち破った。

(A) reinforced　強化した　　(B) defied　打ち破った
(C) optimized　最適化した　　(D) complied with　遵守した

Q10 正解 (D) 前置詞の選択 ——— 難易度 ★★☆

ステップ1

空所は deal with の目的語の部分にあり、any problems ------- those discussed at the last meeting. となっています。

ステップ2

those は problems を指し、意味は「前回の会議で話し合われた問題～のどんな問題も扱う」となります。any problems と those の関係を考えます。

ステップ3

(D) beyond には「～を越える」→「～以外の」の意味があり、これを選べば「前回の会議で話し合われた問題以外のどんな問題も個別に扱う」となって文意が通ります。(A) against（～に対して）や (B) under（～の下で）では、この文脈に合った any problems と those の適切な関係をつくれません。(C) aside（脇に）は副詞なので連結機能がなく、この空所に置けません。

問題・選択肢

私たちは、前回の会議で話し合われた問題以外のどんな問題も個別に扱うつもりです。

(A) against　前置詞（～に対して）　　(B) under　前置詞（～の下で）
(C) aside　副詞（脇に）　　(D) beyond　前置詞（～以外の）

Q11

------- formal events such as weddings and business functions to intimate meals with family and friends, Elano's is the ideal venue for any occasion.

(A) After
(B) Whether
(C) From
(D) Both

Ⓐ Ⓑ Ⓒ Ⓓ

できた…………○ あいまい………△ できなかった…× 1回目 2回目 3回目

Q12

While most ------- for his memoir *Life on the Edge*, which was made into an award-winning movie, Jack Baker has written a dozen other books.

(A) applicable
(B) notable
(C) obvious
(D) complete

Ⓐ Ⓑ Ⓒ Ⓓ

できた…………○ あいまい………△ できなかった…× 1回目 2回目 3回目

単語の意味

Q11
□function 名 会合
□intimate 形 私的な
□venue 名 (開催)場所

Q12
□memoir 名 回顧録
□award-winning 形 賞を獲得した

Q11 正解 (C) 前置詞 (from) ——— 難易度 ★★☆

ステップ1

空所はカンマまでの部分にあって、------- formal events such as weddings and business functions to intimate meals with family and friends, となっています。

ステップ2

続く主文の意味は「エラノズはどんな催しにも最適の場所だ」なので、カンマまでは「催し」のさまざまな種類を示していると考えられます。

ステップ3

formal（公式の）と intimate（私的な）が対比関係にあることに着目して、------- formal events ～ to intimate meals ～が〈from A to B〉の構造になっていることを見抜けば、(C) From を選べます。「結婚式や仕事の会合などの公式のイベントから家族や友人との私的な食事まで」と催しの多彩さを示せます。他の選択肢では適切な文構造をつくれません。

問題・選択肢

結婚式や仕事の会合などの公式のイベントから家族や友人との私的な食事まで、エラノズはどんな催しにも最適の場所だ。

(A) After 接続詞・前置詞（～の後で） (B) Whether 接続詞（～かどうか）
(C) From 前置詞（～から） (D) Both 副詞（どちらも～）

Q12 正解 (B) 形容詞の選択 ——— 難易度 ★★☆

ステップ1

空所は最初のカンマまでの部分にあり、While most ------- for his memoir *Life on the Edge*, となっています。

ステップ2

この部分は「彼の回顧録『瀬戸際の人生』で最も～であるが」の意味です。

ステップ3

for との結びつきも考えると、(B) notable を選んで「彼の回顧録『瀬戸際の人生』で最も有名であるが」とすると、主節の「ジャック・ベイカーは他にも1ダースの本を書いている」にうまくつながります。他の選択肢の形容詞では、どれも適切な文をつくれません。

問題・選択肢

賞を獲得した映画になった回顧録『瀬戸際の人生』で最も有名であるが、ジャック・ベイカーは他にも1ダースの本を書いている。

(A) applicable 適用できる (B) notable 有名な
(C) obvious 明らかな (D) complete 完全な

Q13

------- its population continues growing at the present rate, Ajaro City must expand its public transportation infrastructure soon to avoid facing extreme traffic congestion.

(A) Even if
(B) Assuming that
(C) In conjunction with
(D) Ever since

Ⓐ Ⓑ Ⓒ Ⓓ

できた……………○　あいまい………△　できなかった…×

1回目	2回目	3回目
□	□	□

Q14

The manufacturer's warranty covering this product does not apply in situations ------- it is not operated in accordance with the instructions specified in the user manual.

(A) when
(B) whether
(C) so that
(D) where

Ⓐ Ⓑ Ⓒ Ⓓ

できた……………○　あいまい………△　できなかった…×

1回目	2回目	3回目
□	□	□

単語の意味

Q13
□ infrastructure 名 基盤施設；インフラ

Q14
□ warranty 名 保証（書）
□ specify 他 規定する；特定する

Q13 正解 (B) 接続詞 (assuming that) ——— 難易度 ★★★

ステップ1

空所は前半の ------- its population continues growing at the present rate, にあります。

ステップ2

空所の後には文が続くので、前置詞系の (C) In conjunction with (～とともに) をまず外せます。意味を見ると、カンマまでの前半は「その人口が現在の比率で増え続ける」、後半は「アジャロ市は、深刻な交通渋滞に直面するのを避けるためにすぐに公共交通機関のインフラを拡張しなければならない」です。

ステップ3

前半はアジャロ市の将来の見通しと考えられるので、「仮定」の意味の (B) Assuming that (～を想定して) を入れれば文意が通ります。(A) Even if (たとえ～でも) は「譲歩」、(D) Ever since (～以来ずっと) は「継続の起点」を表し、この文脈には合いません。

問題・選択肢

その人口が現在の比率で増え続けることを想定して、アジャロ市は、深刻な交通渋滞に直面するのを避けるためにすぐに公共交通機関のインフラを拡張しなければならない。

(A) Even if たとえ～でも　(B) Assuming that ～を想定して
(C) In conjunction with ～とともに　(D) Ever since ～以来ずっと

Q14 正解 (D) 関係副詞 (where) ——— 難易度 ★★☆

ステップ1

空所は後半の文の冒頭にあり、------- it is not operated in accordance with the instructions specified in the user manual. となっています。

ステップ2

ここの意味は「ユーザーマニュアルに規定された指示に従って操作されない」です。直前の situations には修飾語がないので、後半の文が situations を修飾すると考えられます。

ステップ3

後半は要素の揃った完全な文であり、situations は「場所」と見なせるので、関係副詞で場所を先行詞とする (D) where でつなぎます。

問題・選択肢

この製品を対象とするメーカーの保証は、ユーザーマニュアルに規定された指示に従って操作されない状況では適用されません。

(A) when 関係副詞 (時)　(B) whether 接続詞
(C) so that 接続詞　(D) where 関係副詞 (場所)

Q15

Annual subscriptions to *The Pulse* magazine are available for 50% off through December 31, so act quickly to take advantage of this ------- deal.

(A) prestigious
(B) unexceptional
(C) incredible
(D) imminent

Ⓐ Ⓑ Ⓒ Ⓓ

できた…………○
あいまい………△
できなかった…×

1回目	2回目	3回目
□	□	□

Q16

------- on the availability of proper sites in the metropolitan area forced Metro Manila Properties to rethink its development plans.

(A) Proximity
(B) Disturbance
(C) Impacts
(D) Constraints

Ⓐ Ⓑ Ⓒ Ⓓ

できた…………○
あいまい………△
できなかった…×

1回目	2回目	3回目
□	□	□

単語の意味

Q15
□ subscription　名 定期購読
□ take advantage of　～を利用する

Q15 正解 (C) 形容詞の選択 — 難易度 ★★☆

ステップ1

空所はカンマの後の命令文にあり、so act quickly to take advantage of this ------- deal. となっています。deal を修飾する形容詞を選ぶ問題です。

ステップ2

カンマまでの意味は「12月31日までは『ザ・パルス』誌の年間購読料が50%割引になります」なので、deal は「50%引きの取引（＝特典)」のことです。

ステップ3

ポジティブな意味でかつ deal と合う形容詞が必要なので、(C) incredible（すばらしい）を選びます。 (A) prestigious（名声のある）はポジティブですが、deal と合いません。(B) unexceptional（ありきたりの）と (D) imminent（差し迫った）はポジティブでないので不可です。

問題・選択肢

12月31日までは『ザ・パルス』誌の年間購読料が50%割引になりますので、このすばらしい特典を今すぐご利用ください。

(A) prestigious 名声のある
(B) unexceptional ありきたりの
(C) incredible すばらしい
(D) imminent 差し迫った

Q16 正解 (D) 名詞の選択 — 難易度 ★★☆

ステップ1

空所はこの文の主語の一部で、------- on the availability of proper sites in the metropolitan area となっています。

ステップ2

この主語は「大都市圏での適当な用地の供給の～」の意味です。述語以降は「メトロ・マニラ・プロパティーズは開発計画を再考することを迫られた」となっていて、「開発計画を再考しなければならない原因は用地の供給の何か」を考えます。

ステップ3

(D) Constraints は「制約」の意味で、「用地の供給の制約」となって適切な文をつくれます。 (A) Proximity（近接）や (B) Disturbance（混乱；妨害）は on 以下とつながらず、述語動詞以下とも合いません。(C) Impacts（影響）は on 以下とはつながりますが、具体性を欠き、述語動詞以下に合いません。

問題・選択肢

大都市圏での適当な用地の供給に制約があるため、メトロ・マニラ・プロパティーズは開発計画を再考することを迫られた。

(A) Proximity 近接
(B) Disturbance 混乱；妨害
(C) Impacts 影響
(D) Constraints 制約

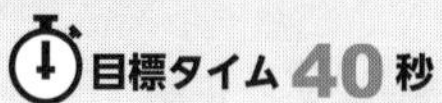

Q17

The city's development plan in the lakeside area isn't ------- with the environmental initiatives formed last year.

(A) lined
(B) consistent
(C) obedient
(D) compromising

Ⓐ Ⓑ Ⓒ Ⓓ

できた…………○ 1回目 2回目 3回目
あいまい ………△
できなかった …×

Q18

The new version of Kemp Technology's OfficeTracker software should be released at the end of this year, ------- there are no unexpected delays.

(A) as far as
(B) provided
(C) as
(D) on the grounds that

Ⓐ Ⓑ Ⓒ Ⓓ

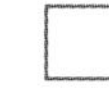
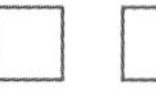

できた…………○ 1回目 2回目 3回目
あいまい ………△
できなかった …×

単語の意味

Q17
□ initiative 名 構想

Q18
□ unexpected 形 不測の；予期できない

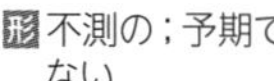

Q17 正解 (B) 形容詞の選択 ―― 難易度 ★★☆

ステップ1

空所の位置は isn't ------- with the environmental initiatives formed last year. で、補語の形容詞を選ぶ問題です。

ステップ2

全体の文意は「その市の湖畔地域の開発計画は、昨年作成された環境構想と～がない」で、「開発計画と環境構想の関係」を考えます。

ステップ3

後続の前置詞 with との結びつきも考えて、(B) consistent（整合性のある）を選ぶと文意が通ります。 (A) lined は「裏地の付いた」などの意味なので、ここでは意味をなしません。(C) obedient（従順な）や (D) compromising（恥ずかしい）でも文意が通りません。

問題・選択肢

その市の湖畔地域の開発計画は、昨年作成された環境構想と整合性がない。

(A) lined　裏地の付いた
(B) consistent　整合性のある
(C) obedient　従順な
(D) compromising　恥ずかしい

Q18 正解 (B) 接続詞の選択 ―― 難易度 ★★★

ステップ1

空所はカンマの後の従属節にあり、------- there are no unexpected delays.（不測の遅れがない～）となっています。

ステップ2

前半の主節は「ケンプ・テクノロジーのオフィストラッカー・ソフトの新しいバージョンは、今年の年末に発売されるはずだ」です。

ステップ3

従属節は主節の「条件」を示すと考えられるので、「～という条件で」の意味の (B) provided が正解です。provided that の that が省略された形です。 (A) as far as（～するかぎり）は「範囲」を表すので不可。(C) as は「理由」「同時進行」などを表せますが、条件の用法はありません。(D) on the grounds that（～という理由で）も「理由」を表し、ここには当てはまりません。

問題・選択肢

ケンプ・テクノロジーのオフィストラッカー・ソフトの新しいバージョンは、不測の遅れがないという条件で、今年の年末に発売されるはずだ。

(A) as far as　～するかぎり
(B) provided　～という条件で
(C) as　～ので；～につれて
(D) on the grounds that　～という理由で

Q19

To maximize the security of your online account, it is strongly recommended that you update your password once a year, if not more -------.

(A) frequents
(B) frequent
(C) frequently
(D) frequency

Ⓐ Ⓑ Ⓒ Ⓓ

できた…………○ あいまい………△ できなかった…× 1回目 □ 2回目 □ 3回目 □

Q20

If you would like to request an ------- approval, please write us 10 business days in advance of when you will submit the application form.

(A) expedited
(B) alternative
(C) official
(D) intensive

Ⓐ Ⓑ Ⓒ Ⓓ

できた…………○ あいまい………△ できなかった…× 1回目 □ 2回目 □ 3回目 □

単語の意味

Q19

□ maximize 他 極大化する

Q19 正解 (C) 品詞の識別 ——— 難易度 ★★☆

ステップ1

空所は後半の文にあり、it is strongly recommended that you update your password once a year, if not more -------. となっています。

ステップ2

パスワードのアップデートを推奨する文で、you update your password once a year とアップデートの頻度は「年に一度」としています。if not more ------- はこれに対比される頻度を表現すると考えれます。

ステップ3

once a year が副詞句なので、空所もそれに対応して副詞でないといけません。よって、(C) frequently が正解になります。

問題・選択肢

お客様のオンライン口座の安全性を極大化するために、頻繁にではなくても1年に一度はパスワードを更新することを強くお勧めします。

(A) frequents 動詞（三単現） (B) frequent 形容詞
(C) frequently 副詞 (D) frequency 名詞

Q20 正解 (A) 形容詞の選択 ——— 難易度 ★★★

ステップ1

空所は前半の If 節にあり、If you would like to request an ------- approval, となっています。approval（承認）を修飾する形容詞を選ぶ問題です。

ステップ2

主節は「申請用紙を提出する10営業日前に私どもに書面でお知らせください」で、申請用紙と別に書面で知らせるということから ------- approval は特例的な承認であると考えられます。

ステップ3

選択肢で特例的な事情を表せるのは、動詞 expedite（早める）を過去分詞にした (A) expedited（優先的な）です。(B) alternative（別の）は approval とは組み合わせられますが、全体の文意から何を指すかが不明になります。(C) official（公式の）では、書面を別途送ることを説明できません。(D) intensive（集中的な）は approval を修飾するのにも無理があります。

問題・選択肢

もし優先的な承認を求めたい場合には、申請用紙を提出する10営業日前に私どもに書面でお知らせください。

(A) expedited 優先的な (B) alternative 別の
(C) official 公式の (D) intensive 集中的な

Q21

Give your space the perfect ------- touch with a wide range of ceiling light fixtures, pendants and chandeliers from Luminary Nights.

(A) finish
(B) finished
(C) finishing
(D) to finish

Ⓐ Ⓑ Ⓒ Ⓓ

できた…………○ あいまい………△ できなかった…×

1回目 □ 2回目 □ 3回目 □

Q22

------- the careers of several acclaimed novelists in her role as editor, Ms. Gutierrez's talent for discovering and nurturing young writers is highly regarded.

(A) Having developed
(B) To be developed
(C) Developed
(D) Being developed

Ⓐ Ⓑ Ⓒ Ⓓ

できた…………○ あいまい………△ できなかった…×

1回目 □ 2回目 □ 3回目 □

単語の意味

Q21
□ light fixture （備え付け型の）照明
□ pendant 名 ペンダントライト

Q22
□ acclaimed 形 著名な
□ nurture 他 育成する

Q21 正解 (C) 動詞の形 ―――――――――― 難易度 ★★☆

ステップ1

空所の位置は Give your space the perfect ------- touch で、〈V O_1 O_2〉の文になっていて、the perfect ------- touch は O_2 の要素です。

ステップ2

形容詞と名詞に挟まれたこの空所に不定詞を入れることはできず、まず (D) to finish を外せます。意味を考えると、この部分は「あなたの部屋に完ぺきな～装いを施してください」です。with 以下から、「幅広い種類の天井照明やペンダントライト、シャンデリアで」施される装いです。

ステップ3

現在分詞の (C) finishing（仕上げをする）を選べば、「仕上げの装い」となって文意が通ります。(A) finish は動詞としては不可で、名詞としても touch と一緒に使えません。(B) finished では「仕上げられた装い」と意味をなしません。

問題・選択肢

リュミナリー・ナイツの幅広い種類の天井照明やペンダントライト、シャンデリアであなたの部屋に完ぺきな仕上げの装いを施してください。

(A) finish　名詞・動詞（原形）　　(B) finished　過去分詞
(C) finishing　現在分詞　　(D) to finish　不定詞

Q22 正解 (A) 動詞の形 ―――――――――― 難易度 ★★☆

ステップ1

空所は ------- the careers of several acclaimed novelists in her role as editor, とカンマまでの要素の冒頭にあります。

ステップ2

カンマ以下に「グティエレスさんの若い作家を見いだして育成する才能は高く評価されている」とあるので、空所の次の the careers は、カンマ以下の文の主語にある Ms. Gutierrez が「開発した」キャリアと考えられます。

ステップ3

よって、動詞は能動態でなければならず、この観点から (A) Having developed を選べます。完了形になっているのは「(これまで) キャリアを開発してきたので」という過去から現在までの実績を示すためです。

問題・選択肢

編集者としての彼女の仕事で数人の著名な小説家のキャリアを開発してきたので、グティエレスさんの若い作家を見いだして育成する才能は高く評価されている。

(A) Having developed　現在分詞 (完了)　　(B) To be developed　不定詞 (受動態)
(C) Developed　過去分詞　　(D) Being developed　現在分詞 (受動態)

Q23

With the number of claims filed by policyholders increasing in the past few years, most major insurance companies are adjusting their premiums -------.

(A) accordingly
(B) gratefully
(C) generously
(D) arbitrarily

Ⓐ Ⓑ Ⓒ Ⓓ

できた …………○ 1回目 2回目 3回目
あいまい ………△
できなかった …×

Q24

While the Lonsdale Folk Festival expected more people at the event than last year, it did not anticipate that the number ------- would be so high.

(A) attends
(B) attending
(C) attendant
(D) attendees

Ⓐ Ⓑ Ⓒ Ⓓ

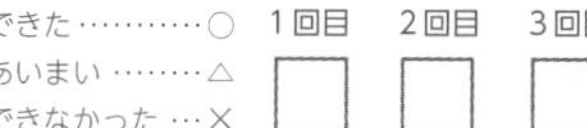

単語の意味

Q23
□ file 他 要請する
□ policyholder 名 保険加入者
□ premium 名 掛け金

Q23 正解 (A) 副詞の選択 ―――――――――― 難易度 ★★★

ステップ1

空所はカンマの後にあり、most major insurance companies are adjusting their premiums -------. となっています。

ステップ2

premiums は「保険の掛け金」で、「大手保険会社が掛け金をどう調整するか」を考えます。カンマまでは「過去数年間に保険加入者から寄せられる保険金請求の数が増えていることから」の意味です。

ステップ3

「保険金請求の増加に対応して掛け金を調整する」という文脈なので、(B) gratefully（感謝して）や (C) generously（気前よく）のようなポジティブな副詞は不適です。**具体的な調整の様態を示すものがないので、(A) accordingly（それに合わせて）を選びます。**(D) arbitrarily（任意に）は、保険会社が掛け金を調整するという状況に合いません。

問題・選択肢

過去数年間に保険加入者から寄せられる保険金請求の数が増えていることから、多くの大手保険会社はそれに合わせて掛け金を調整している。

(A) accordingly　それに合わせて　　(B) gratefully　感謝して
(C) generously　気前よく　　(D) arbitrarily　任意に

Q24 正解 (B) 品詞の識別 ―――――――――― 難易度 ★★☆

ステップ1

空所は後半の主節にあり、it did not anticipate that the number ------- would be so high. となっています。the number ------- は主語になるので、空所に述語動詞の形が入ることはないので、まず (A) attends を外します。

ステップ2

カンマまでの前半に more people at the event とあることから、the number ------- は「出席者数」を表すと考えられます。

ステップ3

現在分詞の (B) attending は「出席する」の意味で、後ろから number を修飾できるので、これが正解です。(C) attendant は形容詞としては「伴う」の意味で不可、名詞としては (D) attendees と同様に、number に続けられません。

問題・選択肢

ロンズデール・フォーク・フェスティバルはこのイベントに昨年以上の来客を見込んでいたが、その訪問者数がこれほどまでに多くなるとは予測できなかった。

(A) attends　現在形（三単現）　　(B) attending　現在分詞
(C) attendant　名詞・形容詞　　(D) attendees　名詞

Q25

While quality plays a crucial role, -------, a product's success on the market will also be determined by a variety of other factors.

(A) on the contrary
(B) in the end
(C) in brief
(D) so far

Ⓐ Ⓑ Ⓒ Ⓓ

できた …………○　あいまい ………△　できなかった …×　1回目 □　2回目 □　3回目 □

Q26

------- the terms of the warranty, the Kuba ZX899 printer is guaranteed against manufacturing defects for a period of three years from the date of purchase.

(A) Over
(B) As
(C) Through
(D) Under

Ⓐ Ⓑ Ⓒ Ⓓ

できた …………○　あいまい ………△　できなかった …×　1回目 □　2回目 □　3回目 □

単語の意味

Q25
□ crucial　形 重要な

Q26
□ terms　名 条項
□ defect　名 欠陥

Q25 正解 (B) イディオムの選択 難易度 ★★★

ステップ1

空所はカンマに前後を挟まれているので、一見すると前半と後半のどちらの要素なのかわかりません。

ステップ2

意味を見ると、最初のカンマまでは「品質が重要な役割を果たす一方」、2つ目のカンマの後は「市場での製品の成功はさまざまな他の要因によっても決定される」となっています。

ステップ3

前半はこのままで意味的に完結しているので、空所には後半の文を修飾できるイディオムを入れるべきだとわかります。**前半の「品質が重要な役割を果たす一方」という流れを考えて、(B) in the end（結局のところ）を入れると後半の文を強調できて文意に適います。**(C) in brief（端的に言えば）は while で前後半がつながるこの複雑な文には合いません。(A) on the contrary（それどころか）と (D) so far（これまでのところ）は文脈に合いません。

問題・選択肢

品質が重要な役割を果たす一方、市場での製品の成功は結局のところ、さまざまな他の要因によっても決定される。

(A) on the contrary　それどころか　(B) in the end　結局のところ
(C) in brief　端的に言えば　(D) so far　これまでのところ

Q26 正解 (D) 前置詞の選択 難易度 ★★☆

ステップ1

空所の位置は ------- the terms of the warranty, で、カンマまでの部分の冒頭にあり、適切な前置詞を選ぶ問題です。

ステップ2

空所以下は「プリンターのクーバZX899は、購入日から３年間にわたって製造欠陥に対して保証が効く」と保証内容が述べられているので、空所には「保証書の条項」の「適用」という用法がある前置詞が必要です。

ステップ3

(D) Under には「(法律・契約）によって［基づいて］」という「適用」の用法があるので、これが正解です。他の前置詞にはこの用法がありません。

問題・選択肢

保証書の条項によって、プリンターのクーバＺX899は、購入日から３年間にわたって製造欠陥に対して保証が効く。

(A) Over　～について　(B) As　～として
(C) Through　～を通して　(D) Under　～によって

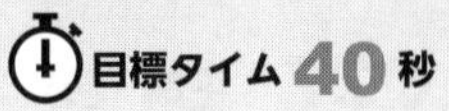

Q27

Bolton Dairies' operations ------- into Alp Foods International's activities by the end of March had the takeover announced last year proceeded as planned.

(A) will be integrated
(B) have been integrated
(C) integrated
(D) would have been integrated

Ⓐ Ⓑ Ⓒ Ⓓ

できた…………○ あいまい………△ できなかった…×

1回目	2回目	3回目
□	□	□

Q28

Local business associations, ------- that the proposed tax hike will have an adverse effect on small- and medium-sized enterprises, have expressed their opposition.

(A) arguing
(B) discussing
(C) requiring
(D) inquiring

Ⓐ Ⓑ Ⓒ Ⓓ

できた…………○ あいまい………△ できなかった…×

1回目	2回目	3回目
□	□	□

単語の意味

Q27
□ takeover 名 買収
□ proceed 自 進行する

Q28
□ tax hike 増税
□ adverse 形 悪い；有害な

Q27 正解 (D) 動詞の形 —— 難易度 ★★★

ステップ1

選択肢には動詞 integrate のさまざまな形が並びます。選択肢の動詞の形はすべて述語動詞として使えるので、述語動詞を選ぶ問題と想定します。

ステップ2

ポイントは、had が後半の文の述語動詞の一部でそれが倒置で前に出ていることを見抜くことです。**〈had S Vpp〉は〈if S had Vpp〉と同じで、仮定法過去完了の条件節の形です。**

ステップ3

したがって、仮定法過去完了の帰結節〈S 助動詞の過去形 have Vpp〉の形である (D) would have been integrated が正解となります。

問題・選択肢

もし昨年、発表された買収が計画通り進行していたなら、3月末までにボルトン・デアリーズの業務はアルプ・フーズ・インターナショナルの業務に統合されていただろう。

(A) will be integrated 未来形

(B) have been integrated 現在完了形

(C) integrated 過去形・過去分詞

(D) would have been integrated 仮定法過去完了

Q28 正解 (A) 動詞の選択 —— 難易度 ★★★

ステップ1

空所はカンマで区切られた挿入部分にあり、------- that the proposed tax hike will have an adverse effect on small- and medium-sized enterprises, となっています。この部分は前の「地域企業組合」にかかっています。

ステップ2

地域企業組合が「計画されている増税が中小企業に悪影響を与えることをどうしたか」を考えます。それによって、「反対の意を表明した」という文脈です。

ステップ3

(A) arguing（主張する）が文脈に合うので、これが正解です。(C) requiring（求める）や (D) inquiring（問い合わせる）は that 節の内容に合いません。(B) discussing（話し合う）は文意に合わないうえ that 節も導けません。

問題・選択肢

計画されている増税が中小企業に悪影響を与えると主張する地域企業組合は、反対の意を表明した。

(A) arguing 主張する

(B) discussing 話し合う

(C) requiring 求める

(D) inquiring 問い合わせる

Q29

------- you prefer not to continue receiving this newsletter each month, please reply by sending a blank e-mail with "Unsubscribe" as the subject.

(A) Unless
(B) Though
(C) Till
(D) Should

Ⓐ Ⓑ Ⓒ Ⓓ

できた …………○　1回目　2回目　3回目
あいまい ………△
できなかった …×

Q30

It would be difficult to continue to produce small liquid-crystal displays, all the more so ------- that the competitors have lowered the prices of similar products.

(A) difficult
(B) much
(C) given
(D) far

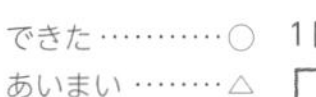
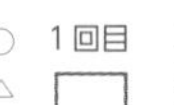

できた …………○　1回目　2回目　3回目
あいまい ………△
できなかった …×

単語の意味

Q29
□ blank e-mail　空メール
□ unsubscribe　自 購読をやめる

Q30
□ liquid-crystal　形 液晶の

Q29 正解 (D) 倒置 —— 難易度 ★★☆

ステップ1

空所はカンマまでの前半にあり、------- you prefer not to continue receiving this newsletter each month, となっています。

ステップ2

この前半の意味は「毎月、このニューズレターを受け取り続けることを望まない」、後半の please 以下は「返信で件名欄に「購読中止」と書き入れて空メールを送付してください」です。

ステップ3

前半は後半の「条件」だと考えられるので、(D) Should を選んで倒置の形にすれば「もし～なら」の意味を表せます。これが正解です。 (A) Unless は「否定の条件」を表し、文脈に合いません。他の接続詞はいずれも条件を表せません。

問題・選択肢

毎月、このニューズレターを受け取り続けることを望まないのでしたら、返信で件名欄に「購読中止」と書き入れて空メールを送付してください。

(A) Unless もし～でないなら (B) Though ～だけれども
(C) Till ～までずっと (D) Should もし～なら

Q30 正解 (C) 接続詞 (given that) —— 難易度 ★★★

ステップ1

空所はカンマの後の後半にあり、all the more so ------- that the competitors have lowered the prices of similar products. となっています。

ステップ2

カンマまでの主節は「小型の液晶ディスプレイをつくり続けるのは難しいだろう」なので、all the more so（なおさらそうだ）がこの文を強調する表現であると気づくことがポイントです。こうして、so と空所以下を分離できれば、正解に近づきます。

ステップ3

that 以下は「競合他社が同様の製品の価格を引き下げている」なので、空所には状況設定の表現が入ると考えられます。(C) given + that で「～を考慮に入れると」となるので、これが正解です。 他の選択肢は空所に入れても意味をなさず、いずれも so と空所以下を分離できないときに選んでしまう選択肢です。

問題・選択肢

小型の液晶ディスプレイをつくり続けるのは難しいだろう。競合他社が同様の製品の価格を引き下げていることを考慮に入れるとなおさらだ。

(A) difficult 難しい (B) much たくさん
(C) given (that) ～を考慮に入れると (D) far はるかに

950点レベル

DAY 8
実戦練習 No.8

30問

（解答時間）

目標タイム 10 分

✓ Part 5 に出る全種の問題をランダムに出題しています。本番の Part 5 を解くつもりで、時間も意識しながら解答してみましょう。

✓ 問題を解いたら、解説を読んでしっかり理解しておきましょう。また、日をおいて、2 回、3 回とトライしてみましょう。

✓ 成果を記入してみましょう。3 回分、記入できるようになっています。

	1st TRY	2nd TRY	3rd TRY
Score	／30問	／30問	／30問
Time	分　　秒	分　　秒	分　　秒

Q1

Popular downtown eatery Amelio's has announced plans to open a second branch in the harbor district and ------- the original location's dining room as well.

(A) expands
(B) expanding
(C) had expanded
(D) will expand

Ⓐ Ⓑ Ⓒ Ⓓ

できた…………○ あいまい………△ できなかった…×

1回目	2回目	3回目

Q2

Catering to your target market starts ------- understanding the needs and wants of specific individuals or business organizations.

(A) for
(B) at
(C) with
(D) before

Ⓐ Ⓑ Ⓒ Ⓓ

できた…………○ あいまい………△ できなかった…×

1回目	2回目	3回目

単語の意味

Q1
□ eatery 名 軽食堂
□ district 名 地区

Q2
□ cater to ～に応える
□ specific 形 特定の

Q1 正解 (D) 動詞の形 ―――― 難易度 ★★☆

ステップ1

選択肢には動詞 expand のさまざまな形が並びます。空所は and 以降にあり、------- the original location's dining room as well. となっています。

ステップ2

and の前は Popular downtown eatery Amelio's has announced plans to open a second branch in the harbor district で、plans to がポイントです。「計画している」ということは未来のことで、ということは and でつながった後半も未来のことであるはずです。

ステップ3

よって、未来形の (D) will expand が正解になります。現在形は現在の状態や行動の反復を表すので、ここで現在形を使うことはできず、(A) は誤りです。

問題・選択肢

人気のあるダウンタウンの軽食堂であるアメリオズは港湾地区に2番目の支店を出すことを計画していて、また元の店の食事スペースを拡張する予定だ。

(A) expands 現在形（三単現）　(B) expanding 現在分詞
(C) had expanded 過去完了形　(D) will expand 未来形

Q2 正解 (C) 前置詞の選択 ―――― 難易度 ★★☆

ステップ1

空所の位置は Catering to your target market starts ------- understanding the needs and wants of specific individuals or business organizations. です。

ステップ2

ポイントは動詞 start の用法です。**この文の意味は「目標とする市場への対応は、特定の個人や企業のニーズと嗜好を理解することから始まる」となると推測できますが、start でこの意味を出す形は〈start with A〉（A から始まる）です。**

ステップ3

よって、(C) with が正解になります。

問題・選択肢

あなたの目標とする市場への対応は、特定の個人や企業のニーズと嗜好を理解することから始まる。

(A) for ～のために　(B) at ～で
(C) with ～から　(D) before ～の前に

Q3

While the city ------- has been heavily developed and now has few large green spaces remaining, there are many impressive natural attractions in the surrounding area.

(A) it
(B) its
(C) that
(D) itself

Ⓐ Ⓑ Ⓒ Ⓓ

できた…………○ / あいまい………△ / できなかった…×

1回目	2回目	3回目
□	□	□

Q4

The CEO was on vacation last week during ------- the news that the company might be acquired by its rival spread.

(A) while
(B) when
(C) which
(D) the period

できた…………○ / あいまい………△ / できなかった…×

1回目	2回目	3回目
□	□	□

単語の意味

Q3
□ surrounding 形 周辺の

Q4
□ acquire 他 買収する

Q3 正解 (D) 代名詞の選択 ―――――――――― 難易度 ★☆☆

ステップ1

選択肢には代名詞 it のさまざまな格と指示代名詞が並びます。空所は前半の従属節にあり、While the city ------- has been heavily developed and now has few large green spaces remaining, となっています。

ステップ2

空所は主語と述語動詞の間にあり、この位置に主格・目的格・所有格が入ることはありません。よって、(A) it と (B) its は不可です。(C) that は指示代名詞としては主格・目的格として使うので、同様に不可です。

ステップ3

再帰代名詞は主語を強調するために直後で使うことが可能なので、(D) itself が正解となります。

問題・選択肢

その市自体は大きく開発が進み、今では広い緑地はあまりないが、周辺地域には数多くの魅力的な自然スポットがある。

(A) it 主格・目的格
(B) its 所有格
(C) that 指示代名詞
(D) itself 再帰代名詞

Q4 正解 (C) 関係代名詞 (which) ―――――――― 難易度 ★★☆

ステップ1

選択肢には接続詞、関係詞、名詞が混在しています。空所の位置は during ------- the news that the company might be acquired by its rival spread. です。

ステップ2

空所の前が前置詞であることから、ここに接続詞を入れることはできません。まず (A) while を外せます。また、空所には連結機能のある語を入れないと前後がつながらないので、連結機能のない (D) the period も不可です。

ステップ3

残るのは関係副詞としての (B) when と関係代名詞の (C) which ですが、関係副詞は during なしで直接 last week にかかります。**前置詞を介して last week にかかるのは関係代名詞なので、(C) が正解となります。**

問題・選択肢

CEOは先週、休暇旅行に出かけたが、その間に会社がライバル社に買収されそうだという消息が流れた。

(A) while 接続詞
(B) when 接続詞・関係副詞
(C) which 関係代名詞
(D) the period the + 名詞

Q5

Launched only a week ago, *Ultimate Mission 2*, one of the year's most hotly anticipated video game releases, ------- over two million units worldwide already.

(A) sells
(B) has sold
(C) is selling
(D) had sold

Ⓐ Ⓑ Ⓒ Ⓓ

できた …………○ あいまい ………△ できなかった …×

1回目	2回目	3回目
□	□	□

Q6

Winter sports ------- flock from all over the world to ski and snowboard at Mount Hawthorn due to the outstanding quality of its powder snow.

(A) enthusiasts
(B) enthusiastic
(C) enthusiastically
(D) enthusiasm

Ⓐ Ⓑ Ⓒ Ⓓ

できた …………○ あいまい ………△ できなかった …×

1回目	2回目	3回目
□	□	□

単語の意味

Q6
□ outstanding 形 類いまれな

Q5 正解 (B) 動詞の形 ——— 難易度 ★☆☆

ステップ1

選択肢には動詞 sell のさまざまな述語動詞の形が並んでいます。空所の位置は *Ultimate Mission 2*, one of the year's most hotly anticipated video game releases, ------- over two million units worldwide already. です。

ステップ2

ポイントは冒頭の Launched only a week ago, です。「1週間前に発売されたばかり」ということは、売り上げは「1週間前という過去の一時点から現在まで」のものだと考えられます。

ステップ3

「過去の一時点から現在まで」を示す時制は現在完了なので (B) has sold が正解になります。

問題・選択肢

1週間前に発売されたばかりだが、今年最も熱く期待されたビデオゲームのリリースの一つである『アルティミット・ミッション2』は、すでに世界中で200万個以上を売り上げている。

(A) sells 現在形（三単現）　(B) has sold 現在完了形
(C) is selling 現在進行形　(D) had sold 過去完了形

Q6 正解 (A) 品詞の識別 ——— 難易度 ★★☆

ステップ1

空所の位置は Winter sports ------- flock from all over the world to ski and snowboard at Mount Hawthorn となっています。

ステップ2

flock が述語動詞なので、空所は名詞と述語動詞の間です。この位置に形容詞が入ることはないので、まず (B) enthusiastic を外せます。また、副詞を入れると仮定した場合、Winter sports が主語になり、「ウインタースポーツが集まる」と意味をなしません。副詞の (C) enthusiastically も不可です。

ステップ3

名詞の選択肢の意味は (A) enthusiasts が「愛好者たち」、(D) enthusiasm が「熱中」なので、(A) を選んで Winter sports enthusiasts とすると「ウインタースポーツの愛好家たちが集まる」と適切な文になります。

問題・選択肢

パウダースノーの質が類いまれであるため、ホーソーン山にはスキーやスノーボードをするために、世界中からウインタースポーツの愛好者たちが集まる。

(A) enthusiasts 名詞（複数）　(B) enthusiastic 形容詞
(C) enthusiastically 副詞　(D) enthusiasm 名詞

Q7

------- their age, gender, and income level, the majority of respondents in the online survey indicated that housing costs are their biggest monthly expense.

(A) Irrespective of
(B) In connection with
(C) Opposing to
(D) Regarding

Ⓐ Ⓑ Ⓒ Ⓓ

できた …………○
あいまい ………△
できなかった …×

1回目	2回目	3回目

Q8

The CEO's speech at the annual conference was ------- on cost-cutting measures because the company has posted losses for three consecutive years.

(A) central
(B) centered
(C) a center
(D) centralizing

Ⓐ Ⓑ Ⓒ Ⓓ

できた …………○
あいまい ………△
できなかった …×

1回目	2回目	3回目

単語の意味

Q7
□respondent 名 回答者

Q8
□post 他 計上する
□consecutive 形 連続する

Q7 正解 (A) イディオムの選択 ———— 難易度 ★★☆

ステップ1

空所は冒頭にあり、3つ目のカンマまでがまとまりになって、------- their age, gender, and income level, となっています。

ステップ2

この部分の意味は「年齢や性別、収入レベル〜」で、後続の文は「オンライン調査の回答者の大半は住居費が月次の最大の出費であると指摘した」です。

ステップ3

「無関係」を意味する (A) Irrespective of (〜にかかわりなく) を入れると前後がうまくつながるので、これが正解です。「関連」を意味する (B) In connection with、「反対意見」を導く (C) Opposing to、「テーマ」を導く (D) Regarding では「年齢や性別、収入レベル」が主文の内容につながりません。

問題・選択肢

年齢や性別、収入レベルにかかわりなく、オンライン調査の回答者の大半は住居費が月次の最大の出費であると指摘した。

(A) Irrespective of 〜にかかわりなく　(B) In connection with 〜に関連して
(C) Opposing to 〜に反対して　(D) Regarding 〜に関して

Q8 正解 (B) 品詞の識別 ———— 難易度 ★★★

ステップ1

空所は主節の中にあり、The CEO's speech at the annual conference was ------- on cost-cutting measures となっています。

ステップ2

because 以降の従属節は「会社が3年連続で損失を出し続けているので」の意味です。

ステップ3

動詞 center は受け身の〈be centered on A〉の形で「Aを中心に置く」の意味で使えます。「CEOの年次会議でのスピーチは経費削減策が中心になった」となってこの文脈に合うので、(B) が正解です。(A) central は〈central to A〉で「Aにとって重要な」、(C) a center は〈a center of A〉で「Aの中心」、(D) の centralize は自動詞としては〈centralize in A〉で「Aに集中する」の意味になり、いずれも on を伴ってこの文脈に合う用法がありません。

問題・選択肢

会社が3年連続で損失を出し続けているので、CEOの年次会議でのスピーチは経費削減策が中心になった。

(A) central 形容詞　(B) centered 過去分詞
(C) a center a + 名詞　(D) centralizing 現在分詞

Q9

Fife Banking Group will use the feedback obtained via its online user survey to ------- the services it provides to customers in the future.

(A) supply
(B) optimize
(C) predict
(D) deliver

Ⓐ Ⓑ Ⓒ Ⓓ

できた …………○ あいまい ………△ できなかった …×

1回目	2回目	3回目
□	□	□

Q10

The programming team ran a series of troubleshooting tests to track down the source of the software bug but have not yet managed to ------- it.

(A) locate
(B) release
(C) acquire
(D) adapt

Ⓐ Ⓑ Ⓒ Ⓓ

できた …………○ あいまい ………△ できなかった …×

1回目	2回目	3回目
□	□	□

単語の意味

Q9
□ feedback 名 意見
□ obtain 他 入手する

Q10
□ track down ～を突き止める

Q9 正解 (B) 動詞の選択 ―――――――― 難易度 ★★☆

ステップ1

空所は不定詞の部分にあり、to ------- the services it provides to customers in the future. となっています。

ステップ2

この部分の意味は「これから顧客に提供するサービスを～ために」です。文の前半は「ファイフ・バンキング・グループは、オンラインのユーザー調査によって入手した意見を使う」となっています。

ステップ3

「入手した意見を使ってサービスをどうするか」を考えれば、空所にはポジティブな意味の動詞が必要です。選択肢の中では (B) optimize（最適化する）がこれに当たります。(A) supply（供給する）、(C) predict（予測する）、(D) deliver（提供する）では文の前半とうまくつながりません。

問題・選択肢

ファイフ・バンキング・グループは、これから顧客に提供するサービスを最適化するために、オンラインのユーザー調査によって入手した意見を使う。

(A) supply　供給する　　(B) optimize　最適化する
(C) predict　予測する　　(D) deliver　提供する

Q10 正解 (A) 動詞の選択 ―――――――― 難易度 ★★☆

ステップ1

空所は but に続く後半の文にあり、but have not yet managed to ------- it. となっています。

ステップ2

前半の文を見ると、「プログラミング・チームはソフトのバグの原因を突き止めるために一連の問題解決テストを行った」という意味です。------- it の it は「バグの原因」なので、空所には前半で使われている track down（突き止める）に近い意味の動詞が言い換えられて入ると考えられます。

ステップ3

track down に意味が近いのは (A) locate（見つける）です。

問題・選択肢

プログラミング・チームはソフトのバグの原因を突き止めるために一連の問題解決テストを行ったが、まだそれを見つけられていない。

(A) locate　見つける　　(B) release　公表する
(C) acquire　獲得する　　(D) adapt　適用させる

Q11

The intermediate-level Spanish class scheduled for the spring session will be canceled ------- more students sign up for it prior to the registration deadline.

(A) otherwise
(B) unless
(C) if
(D) as long as

Ⓐ Ⓑ Ⓒ Ⓓ

できた…………○
あいまい………△
できなかった…×

1回目	2回目	3回目
□	□	□

Q12

Following a ------- reduction in the machine's air pressure, the maintenance team conducted a thorough examination.

(A) suspicious
(B) mandatory
(C) permissible
(D) deliberate

Ⓐ Ⓑ Ⓒ Ⓓ

できた…………○
あいまい………△
できなかった…×

1回目	2回目	3回目
□	□	□

単語の意味

Q11
□sign up for　～に登録する

Q11 正解 (B) 接続詞 (unless) —— 難易度 ★★☆

ステップ1

選択肢には副詞と接続詞が混在しています。空所の位置は ------- more students sign up for it prior to the registration deadline. となっています。

ステップ2

空所の前は canceled で文が完結し、空所の後には文が続いているので、入るのは接続詞です。まず副詞の (A) otherwise を外せます。空所以降の意味は「さらに多くの生徒が登録締め切り日の前に登録する」、空所の前は「春の授業に予定されている中級レベルのスペイン語のクラスは、キャンセルになる」です。

ステップ3

「否定の条件」を表す接続詞の (B) unless を選べば前後がうまくつながります。(C) if は肯定の条件を表し不可。(D) as long as（～するかぎり）でも肯定の条件になるので、これも不可です。

問題・選択肢

春の授業に予定されている中級レベルのスペイン語のクラスは、さらに多くの生徒が登録締め切り日の前に登録しないならキャンセルになる。

(A) otherwise 副詞（そうでなければ） (B) unless 接続詞（もし～しないなら）
(C) if 接続詞（もし～なら） (D) as long as 接続詞（～するかぎり）

Q12 正解 (A) 形容詞の選択 —— 難易度 ★★☆

ステップ1

空所はカンマまでの部分にあり、Following a ------- reduction in the machine's air pressure, となっています。

ステップ2

この部分の意味は「機械の空圧の～低下があった後で」です。一方、後半は「保守管理チームは徹底した検査を行った」となっています。

ステップ3

「徹底した検査を行った」ということなので、空所にはネガティブな形容詞が入ると考えられます。選択肢でネガティブなのは (A) suspicious（疑わしい）で、文意にも合うのでこれが正解です。他の3つはネガティブでなく、空所に入れても適切な文脈をつくれません。

問題・選択肢

機械の空圧の疑わしい低下があった後で、保守管理チームは徹底した検査を行った。

(A) suspicious 疑わしい (B) mandatory 義務的な
(C) permissible 許容される (D) deliberate 慎重な

Q13

The enduring popularity of Ricardo's suits, which have been the formalwear of choice for generations of men, is based on their contemporary ------- timeless design.

(A) or
(B) still
(C) quite
(D) yet

Ⓐ Ⓑ Ⓒ Ⓓ

できた…………○ あいまい………△ できなかった…×

1回目	2回目	3回目
□	□	□

Q14

The quiet town of Rowan Bay is experiencing a tourism boom, thanks to the increased ------- it has gained after featuring on the popular television show.

(A) standard
(B) momentum
(C) phase
(D) visibility

Ⓐ Ⓑ Ⓒ Ⓓ

できた…………○ あいまい………△ できなかった…×

1回目	2回目	3回目
□	□	□

単語の意味

Q13
□ endure 自 継続する
□ contemporary 形 現代的な

Q14
□ gain 他 増す；獲得する

Q13 正解 (D) 接続詞 (yet) ―――― 難易度 ★★☆

ステップ1

選択肢には接続詞と副詞が混在しています。空所の位置は their contemporary ------- timeless design. です。

ステップ2

空所は contemporary と timeless という二つの形容詞をつなぐ役割なので、入るのは等位接続詞です。まず副詞の (B) still と (C) quite を外せます。

ステップ3

contemporary は「現代的な」、timeless は「時代を超える」と相反する意味の形容詞なので、この二つをつなぐには逆接の意味で使う (D) yet（～だけれども～）が適切です。(A) or（～または～）は「選択」の意味なのでここには当てはまりません。

問題・選択肢

何世代もの男性にとってフォーマルウエアの選択肢であったリカルドのスーツの継続的な人気は、現代的でありながら時代を超えるデザインに基づくものだ。

(A) or　接続詞（～または～）　(B) still　副詞（それでも；なお）
(C) quite　副詞（まったく；かなり）　(D) yet　接続詞（～だけれども～）

Q14 正解 (D) 名詞の選択 ―――― 難易度 ★★★

ステップ1

空所はカンマの後の後半にあり、thanks to the increased ------- it has gained after featuring on the popular television show. となっています。

ステップ2

increased で修飾されているので、「上昇する」ことができる言葉が必要です。また it はローワンベイという町を指しますが、「人気のあるテレビ番組で取り上げられた後、上昇した～を獲得した」という流れです。

ステップ3

(D) visibility には「認知度；知名度」という意味があるので、increased でも修飾でき、文意にも合います。これが正解。(B) momentum（勢い）も increased で修飾できますが、意味が文脈に合いません。(A) standard（標準）や (C) phase（段階）は increased との相性も悪く、文脈にも合いません。

問題・選択肢

人気のあるテレビ番組で取り上げられた後、認知度が高まったおかげで、静かな町であるローワンベイは観光ブームになっている。

(A) standard　標準　(B) momentum　勢い
(C) phase　段階　(D) visibility　認知度

Q15

Sunil Naidu's feat of winning four major tennis championships in the country in one year has never been -------, before or since.

(A) identical
(B) founded
(C) matched
(D) unforgettable

Ⓐ Ⓑ Ⓒ Ⓓ

できた …………○
あいまい ………△
できなかった …×

1回目	2回目	3回目

Q16

Due to market uncertainty in the pharmaceutical industry, Welmax and Greco Corporation have decided to stop discussing a possible merger -------.

(A) for the moment
(B) in short
(C) each other
(D) at least

Ⓐ Ⓑ Ⓒ Ⓓ

できた …………○
あいまい ………△
できなかった …×

1回目	2回目	3回目

単語の意味

Q15
□ feat 名 偉業
□ before or since 後にも先にも

Q16
□ uncertainty 名 不確実性
□ pharmaceutical 形 医薬品の

Q15 正解 (C) 形容詞の選択 ―――――――――――――― 難易度 ★★☆

ステップ1

空所はこの文の補語の位置にあり、has never been -------, before or since. となっています。「後にも先にも～でないものである」の意味です。

ステップ2

主語は「1年のうちにテニスの国内主要4大タイトルに勝利するというスニル・ナイドゥの偉業」なので、has never been ------- は称賛する表現になるはずです。

ステップ3

動詞 match は「匹敵する」の意味なので、過去分詞の matched は「匹敵される；対等の」、これに否定辞 never が付いて「比類ない」となって文意に合うので、(C) が正解です。(D) unforgettable は「忘れられない」で、never がなければ正解になります。(A) identical は「そっくりの」という同一性を表す形容詞で、この文脈に合いません。(B) founded（基づいた）も文意に合いません。

問題・選択肢

1年のうちにテニスの国内主要4大タイトルに勝利するというスニル・ナイドゥの偉業は後にも先にも比類ないものだ。

(A) identical　そっくりの　　(B) founded　基づいた
(C) matched　対等の　　(D) unforgettable　忘れられない

Q16 正解 (A) イディオムの選択 ―――――――――――――― 難易度 ★★☆

ステップ1

空所はカンマの後にあり、Welmax and Greco Corporation have decided to stop discussing a possible merger -------. となっています。

ステップ2

ここの意味は「ウェルマックスとグレコ・コーポレーションは可能性のある合併の話し合いを中断することを決めた」です。

ステップ3

前半の「医薬品業界の市場が不確実なため」は理由を表しますが、これを一時的な状況ととらえると、(A) for the moment（当面の間）が文意に合います。(C) each other（お互いに）は名詞として動詞や前置詞の目的語として使い、独立させて副詞のようには使えないので誤りです。(B) in short（手短に言うと）と (D) at least（少なくとも）は文脈に合いません。

問題・選択肢

医薬品業界の市場が不確実なため、ウェルマックスとグレコ・コーポレーションは可能性のある合併の話し合いを当面の間、中断することを決めた。

(A) for the moment　当面の間　　(B) in short　手短に言うと
(C) each other　お互いに　　(D) at least　少なくとも

Q17

An ------- of furnishings and antiques from all over the world is available at the three locations of Madame de Paris.

(A) assembly
(B) outline
(C) assortment
(D) ornament

Ⓐ Ⓑ Ⓒ Ⓓ

できた…………○　あいまい………△　できなかった…×

1回目	2回目	3回目

Q18

------- Mr. Jeffords' decision to retire next year, the company will conduct an extensive search for an experienced candidate to take over as chief financial officer.

(A) As of
(B) On behalf of
(C) In light of
(D) Inasmuch as

Ⓐ Ⓑ Ⓒ Ⓓ

できた…………○　あいまい………△　できなかった…×

1回目	2回目	3回目

単語の意味

Q17
□furnishing 名 家具
□antique 名 骨董品

Q18
□extensive 形 広範囲の
□take over 引き継ぐ

Q17 正解 (C) 名詞の選択 ―――――――――――――― 難易度 ★★★

ステップ1

空所は主語の中にあって、An ------- of furnishings and antiques from all over the world となっています。

ステップ2

An ------- of furnishings and antiques から〈An ～ of 複数名詞〉の形の表現が使われていることがわかります。空所には複数名詞をまとめる言葉が入ります。

ステップ3

「家具と骨董品」をまとめなければならないので、(C) assortment（品揃え）が正解です。(A) assembly は「(人の) 集まり」→「集会」の意味なので不適。(B) outline も「概要」の意味なので当てはまりません。(D) ornament（調度類；装飾品）では of 以下の名詞と重複して意味をなしません。

問題・選択肢

マダム・ドゥ・パリの3店舗では、世界中から取り寄せた家具や骨董品の品揃えをごらんになれます。

(A) assembly 集会　(B) outline 概要
(C) assortment 品揃え　(D) ornament 調度類；装飾品

Q18 正解 (C) イディオムの選択 ―――――――――――― 難易度 ★★☆

ステップ1

空所はカンマまでの要素の冒頭にあり、------- Mr. Jeffords' decision to retire next year, となっています。

ステップ2

名詞が続くので、接続詞系の (D) Inasmuch as（～だから）は入る余地がないので、まずこれを外せます。カンマまでの意味は「来年に退任するというジェフォード氏の決断～」、カンマの後は「会社は、最高財務責任者の職責を引き継ぐ経験豊かな候補を広範囲に募集する予定だ」です。

ステップ3

(C) In light of を入れると「来年に退任するというジェフォード氏の決断を考慮して」となり、後半につながるのでこれが正解です。(A) As of（～の時点で）や (B) On behalf of（～を代表して）では前後半がつながりません。

問題・選択肢

来年に退任するというジェフォード氏の決断を考慮して、会社は、最高財務責任者の職責を引き継ぐ経験豊かな候補を広範囲に募集する予定だ。

(A) As of ～の時点で　(B) On behalf of ～を代表して
(C) In light of ～を考慮して　(D) Inasmuch as ～だから

Q19

After viewing several advertisements for the product based on different concepts, the focus group participants were asked to rate each one -------.

(A) considerably
(B) uniformly
(C) chronologically
(D) numerically

Ⓐ Ⓑ Ⓒ Ⓓ

できた…………○ あいまい………△ できなかった…×

1回目 2回目 3回目

Q20

In order to comply with food hygiene regulations, staff are required to wear an apron and hair net ------- they handle food in the kitchen.

(A) where
(B) whenever
(C) providing
(D) for which

Q19
□rate 他 評価する

Q20
□hygiene 名 衛生

Q19 正解 (D) 副詞の選択 ——— 難易度 ★★★

ステップ1

空所はカンマの後にあり、the focus group participants were asked to rate each one -------. となっています。

ステップ2

rate は「評価する」で、each one の one は前半にある advertisement を指します。「フォーカスグループの参加者はそれぞれの広告を～評価することを求められた」なので、評価する様態を表す副詞を探します。

ステップ3

評価の基準として適切なことを考えると、唯一、(D) numerically（数字で）が文意に合います。 (B) uniformly（一様に）では評価にならず、(C) chronologically（時系列で）は広告の評価に合いません。(A) considerably は「かなり」の意味で、「考慮して」の意味合いはありません。

問題・選択肢

異なるコンセプトに基づく製品広告をいくつか見てから、フォーカスグループの参加者はそれぞれを数字で評価することを求められた。

(A) considerably かなり　　(B) uniformly 一様に
(C) chronologically 時系列で　　(D) numerically 数字で

Q20 正解 (B) 接続詞 (whenever) ——— 難易度 ★★☆

ステップ1

選択肢には関係詞と接続詞が並びます。空所の後には文が続き、------- they handle food in the kitchen. となっています。

ステップ2

空所以下の意味は「彼らは厨房で食品を扱う」、その前の文は「スタッフはエプロンとヘアネットを着用することを求められる」です。

ステップ3

「～のときはいつでも」の意味の (B) whenever を選べば前後がうまくつながります。 場所の関係副詞の (A) where は空所の前の言葉 an apron and hair net が場所ではないので不可。接続詞の (C) providing は「～という条件で」なので、ここに入れても意味をなしません。(D) for which では、先行詞は an apron and hair net になりますが、for を介して後ろにうまく続きません。

問題・選択肢

食品衛生規則を遵守するために、スタッフは厨房で食品を扱うときはいつでも、エプロンとヘアネットを着用することを求められる。

(A) where 関係副詞　　(B) whenever 接続詞
(C) providing 接続詞　　(D) for which for + 関係代名詞

Q21

Erika's is a ------- concept, but creating a new system is time-consuming, expensive, and fraught with risk.

(A) neat
(B) basic
(C) grateful
(D) vague

Ⓐ Ⓑ Ⓒ Ⓓ

できた …………○
あいまい ………△
できなかった …×

1回目	2回目	3回目
□	□	□

Q22

The hiring of actress Miki Tanaka as a brand ambassador for the Asian market ------- decisive in establishing Swish Clothing in Japan.

(A) indicated
(B) unveiled
(C) proved
(D) observed

Ⓐ Ⓑ Ⓒ Ⓓ

できた …………○
あいまい ………△
できなかった …×

1回目	2回目	3回目
□	□	□

単語の意味

Q21
□ fraught with　～を伴って

Q22
□ ambassador　名 広告塔；アンバサダー
□ establish　他 確立する；固める

Q21 正解 (A) 形容詞の選択 ——— 難易度 ★★☆

ステップ1

空所は前半の文にあり、Erika's is a ------- concept, となっています。concept を修飾する形容詞を選ぶ問題です。

ステップ2

カンマ以降の後半は「新しいシステムを構築することは時間がかかるし、高くつき、またリスクも伴う」の意味でネガティブな内容です。ということは逆接の接続詞の but の前はポジティブな内容がこないといけません。

ステップ3

ポジティブな内容は形容詞で示すことになります。ポジティブな形容詞は (A) neat（すばらしい）か (C) grateful（感謝する）ですが、(A) が文意に合うので、こちらが正解です。 (B) basic（基本的な）はニュートラルな意味、(D) vague（あいまいな）はネガティブな意味で文意に合いません。

問題・選択肢

エリカのものはすばらしいコンセプトだが、新しいシステムを構築することは時間がかかるし、高くつき、またリスクも伴う。

(A) neat　すばらしい　　(B) basic　基本的な
(C) grateful　感謝する　　(D) vague　あいまいな

Q22 正解 (C) 動詞の選択 ——— 難易度 ★★★

ステップ1

空所の位置は The hiring of actress Miki Tanaka as a brand ambassador for the Asian market ------- decisive in establishing Swish Clothing in Japan. で、述語動詞を選ぶ問題です。

ステップ2

注目すべきは空所の後が decisive（決定的な）という形容詞になっていることです。つまり、この文は第２文型で、動詞は〈V C〉の形がとれるものでないといけません。

ステップ3

選択肢で、補語を続けられる動詞は (C) proved（～となった）のみで、これが正解になります。 他の動詞はいずれも〈V C〉の第２文型で使えません。

問題・選択肢

アジア市場向けのブランド・アンバサダーに女優のミキ・タナカを採用したことが、日本でスウィッシュ・クロージングの地歩を固める決め手となった。

(A) indicated　示した　　(B) unveiled　発表した
(C) proved　（結果的に）～となった　　(D) observed　観察した

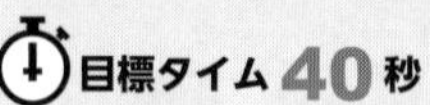

Q23

Based on the findings discovered through big-data analysis, we provide our clients with ------- reports about their shopper's psychological profiles.

(A) knowledgeable
(B) complimented
(C) in-depth
(D) ongoing

Ⓐ Ⓑ Ⓒ Ⓓ

できた…………○ あいまい………△ できなかった…× | 1回目 | 2回目 | 3回目

Q24

------- completion of the €4-million renovation work begun earlier this year, the Bellemare Hotel's capacity will expand by almost 50 percent to 284 guests.

(A) Once
(B) Upon
(C) Until
(D) When

Ⓐ Ⓑ Ⓒ Ⓓ

できた…………○ あいまい………△ できなかった…× | 1回目 | 2回目 | 3回目

Q23
□ psychological 形 心理学的な

Q24
□ capacity 名 収容人数

Q23 正解 (C) 形容詞の選択 ――――― 難易度 ★★☆

ステップ1

空所はカンマの後の文にあり、we provide our clients with ------- reports about their shopper's psychological profiles. となっています。

ステップ2

この部分の意味は「私たちはクライアントに買い物客の心理学的プロフィールについての～報告を提供します」です。カンマの前は「ビッグデータ分析で明らかになった調査結果をもとに」なので、これも踏まえて、どんな「報告」かを考えます。

ステップ3

(C) in-depth（詳細な）を選べば「詳細な報告」となって文意に合います。(A) knowledgeable は「精通している」の意味で、人を修飾する形容詞です。(B) complimented（褒められた）や (D) ongoing（進行中の）では適切な文意をつくれません。

問題・選択肢

ビッグデータ分析で明らかになった調査結果をもとに、私たちはクライアントに買い物客の心理学的プロフィールについての詳細な報告を提供します。

(A) knowledgeable　精通している　(B) complimented　褒められた

(C) in-depth　詳細な　(D) ongoing　進行中の

Q24 正解 (B) 前置詞（upon）――――― 難易度 ★★☆

ステップ1

選択肢には接続詞と前置詞が混在しています。空所はカンマまでの前半にあり、------- completion of the €4-million renovation work begun earlier this year, となっています。

ステップ2

begun は work にかかる過去分詞なので、空所に続くのは名詞の要素です。接続詞は入らず、まず (A) Once と (D) When を外せます。カンマまでの文意は「今年初めに着工された400万ユーロの改修工事の完了」、カンマの後は「ベルメア・ホテルの収用客数は50%近く増えて284人になる」です。

ステップ3

完了したときにホテルの収容人数が増えるということなので、「時の一点」を示す (B) Upon を選びます。(C) Until は「継続する時の終点」を表すので、不可です。

問題・選択肢

今年初めに着工された400万ユーロの改修工事が完了すれば、ベルメア・ホテルの収用客数は50%近く増えて284人になる。

(A) Once　接続詞（ひとたび～すれば）　(B) Upon　前置詞（～すれば）

(C) Until　前置詞・接続詞（～まで）　(D) When　接続詞（～のとき）

Q25

Some modifications to our employee regulations ------- to the new legislation have to be made before it takes place.

(A) applied
(B) pertaining
(C) adjoining
(D) as regards

Ⓐ Ⓑ Ⓒ Ⓓ

できた ………… ○
あいまい ……… △
できなかった … ×

1回目	2回目	3回目
□	□	□

Q26

The all-day event organized by the Chamber of Commerce features a series of expert talks and hands-on workshops, ------- with an optional networking session.

(A) conclusive
(B) concluding
(C) conclusively
(D) conclusion

Ⓐ Ⓑ Ⓒ Ⓓ

できた ………… ○
あいまい ……… △
できなかった … ×

1回目	2回目	3回目
□	□	□

単語の意味

Q25
□ modification 名 変更
□ legislation 名 法律
□ take place 施行される

Q26
□ hands-on 形 実地の
□ networking session 交流会

Q25 正解 (B) 分詞＋前置詞 ――――――― 難易度 ★★★

ステップ1

空所は主語の中にあり、Some modifications to our employee regulations ------- to the new legislation となっています。

ステップ2

employee regulations は会社内の「従業員規則」で、legislation は国などの「法律」と考えられます。両者の関係を考えると、(A) applied（適用された）＋ to でつなぐことはできません。また、(C) adjoining（隣接する）＋ to は空間的な隣接を表すのでこれも不可です。

ステップ3

(B) pertaining（関連する）＋ to だと「～に関連する」の意味で、「新しい法律に関連する当社の従業員規則へのいくつかの変更」と適切な文意になります。
(D) as regards はこの2語で「～に関して」の意味なので、to が不要です。

問題・選択肢

新しい法律に関連する当社の従業員規則へのいくつかの変更は、法律が施行される前になされなければならない。

(A) applied 適用された　(B) pertaining 関連する
(C) adjoining 隣接する　(D) as regards ～に関して

Q26 正解 (B) 品詞の識別 ――――――― 難易度 ★★☆

ステップ1

選択肢には動詞 conclude の変化形とさまざまな品詞が並びます。空所はカンマの後にあり、------- with an optional networking session. となっています。

ステップ2

主文には「一連の専門家の講義や実地のワークショップを組み込んでいる」と、このイベントの内容が示されています。with の後は「参加自由の交流会」とやはりイベントの内容で、両者を ------- with で結びつけることを考えます。

ステップ3

conclude は自動詞として使って conclude with で「～で終わる」なので、現在分詞にして、カンマ以下を分詞構文とすれば前後がつながります。よって、(B) が正解。 形容詞の (A) conclusive は「決定的な」の意味で with を伴う用法がありません。副詞や名詞では前後をつなげないので、(C) や (D) も誤りです。

問題・選択肢

商業会議所が主催する丸1日のイベントは一連の専門家の講義や実地のワークショップを組み込んでいて、参加自由の交流会で締めくくられる。

(A) conclusive 形容詞　(B) concluding 現在分詞
(C) conclusively 副詞　(D) conclusion 名詞

目標タイム 40 秒

Q27

To commemorate his 30th year at Elgin Systems, Mr. Appelbaum was given a photo album capturing various moments throughout his ------- career at the company.

(A) tentative
(B) former
(C) succeeding
(D) rewarding

Ⓐ Ⓑ Ⓒ Ⓓ

できた …………○
あいまい ………△
できなかった …×

1回目	2回目	3回目
□	□	□

Q28

Alongside views of Rome, the Madonna, churches and unicorns are ------- themes in Bassani's work.

(A) recurring
(B) exchangeable
(C) sole
(D) surpassed

Ⓐ Ⓑ Ⓒ Ⓓ

できた …………○
あいまい ………△
できなかった …×

1回目	2回目	3回目
□	□	□

単語の意味

Q27
□commemorate 他 記念する
□capture 他 捕らえる

Q28
□alongside 前 ～とともに
□the Madonna 聖母マリア
□unicorn 名 一角獣；ユニコーン

Q27 正解 (D) 形容詞の選択 ―――― 難易度 ★★☆

ステップ1

空所の位置は Mr. Appelbaum was given a photo album capturing various moments throughout his ------- career at the company. となっていて、career を修飾する形容詞を選ぶ問題です。

ステップ2

この部分の意味は「アペルバウムさんは会社での彼の～仕事におけるさまざまな瞬間を捕らえた写真アルバムを贈られた」で、冒頭の不定詞句の「エルジン・システムズでの30年の勤務を記念するために」も併せて考えると、空所にはポジティブな意味の形容詞が入るはずです。

ステップ3

選択肢でポジティブなのは (D) rewarding（実りある）で、career との相性もいいので、これが正解です。他の選択肢は career とはつながりますが、ニュートラルな意味で、全体の文意にも合いません。

問題・選択肢

エルジン・システムズでの30年の勤務を記念するために、アペルバウムさんは会社での彼の実りある仕事におけるさまざまな瞬間を捕らえた写真アルバムを贈られた。

(A) tentative 暫定的な (B) former 前の
(C) succeeding 次の；続きの (D) rewarding 実りある

Q28 正解 (A) 形容詞の選択 ―――― 難易度 ★★★

ステップ1

この文は主語が the Madonna, churches and unicorns で、それに対応する補語の部分に ------- themes in Bassani's work. とあります。

ステップ2

冒頭にある Alongside views of Rome, も含めて、「ローマの風景、聖母、教会、一角獣が Bassani という芸術家のどんなテーマか」を考えます。

ステップ3

動詞 recur は「繰り返す」なので、その分詞形容詞の (A) recurring で「繰り返すテーマ」とできて、適切な表現になります。(B) exchangeable（交換できる）や (D) surpassed（越えられた）では意味をなしません。テーマは複数あるので、(C) sole（唯一の）も誤りです。

問題・選択肢

ローマの風景とともに、聖母や教会、一角獣はバッサーニの作品に繰り返し現れるテーマだ。

(A) recurring 繰り返す (B) exchangeable 交換できる
(C) sole 唯一の (D) surpassed 越えられた

Q29

Considering that demand from abroad has been weakening recently, the profits may ------- off toward the end of the year.

(A) put
(B) wane
(C) taper
(D) slim

Ⓐ Ⓑ Ⓒ Ⓓ

できた ………… ○ 1回目 2回目 3回目
あいまい ……… △
できなかった … ×

Q30

Please note that people who ------- litter inside the garden can be fined.

(A) measure
(B) prevent
(C) drop
(D) commit

Ⓐ Ⓑ Ⓒ Ⓓ

できた ………… ○ 1回目 2回目 3回目
あいまい ……… △
できなかった … ×

単語の意味

Q30
□ fine 他 罰金を科す

Q29 正解 (C) 動詞の選択 難易度 ★★★

ステップ1

空所は後半の文にあり、the profits may ------ off toward the end of the year. と述語動詞を構成します。

ステップ2

この部分の意味は「利益は年末にかけて〜かもしれない」です。カンマまでは「海外からの需要が最近、減退してきていることを考えれば」なので、空所に入る動詞と off で「少なくなる」という意味の表現になると推測できます。

ステップ3

(C) taper は自動詞として使うと taper off で「先細りになる」の意味なので、これが正解です。 (A) put は、put off だと他動詞で「延期する」、自動詞で「出航する」の意味なので不可。(B) wane は単独で「衰える」の意味で、off が不要です。(D) slim も単独で「縮小する」で off は要りません。

問題・選択肢

海外からの需要が最近、減退してきていることを考えれば、利益は年末にかけて先細りになるかもしれない。

(A) put (off) 延期する；出航する (B) wane 衰える
(C) taper (off) 先細りになる (D) slim 縮小する

Q30 正解 (C) 動詞の選択 難易度 ★★★

ステップ1

空所の位置は Please note that people who ------ litter inside the garden can be fined. となっています。

ステップ2

litter が何かがわかることがポイントで、これは「ゴミ」のことです。

ステップ3

「庭園内にゴミをどうすると罰金が科されるか」を考えると、動詞は (C) drop（捨てる）が適当です。 (A) measure（測る）や (B) prevent（妨げる）では意味をなしません。(D) commit（犯す）を使うには、目的語が犯罪行為を示す言葉でないといけません。litter を動詞として使うと「ゴミを捨てる」なので、これを動名詞にすれば「ゴミ捨て」という犯罪行為になり、commit littering とできます。

問題・選択肢

庭園内にゴミを捨てる人は罰金が科されることがあることにご注意ください。

(A) measure 測る (B) prevent 妨げる
(C) drop 捨てる (D) commit 犯す

覚えておきたいPart 5の必須単語100

本書の問題で使われた単語・表現でPart 5によく出るものをまとめました。テスト直前に目を通しておきましょう。

動詞

- □ **affiliate** 他かかわらせる 名関連会社 …… 157
- □ **assort** 他分類する 派 **assortment** 名各種詰め合わせ；分類 …… 177
- □ **await** 他心待ちにする …… 167
- □ **commence** 他自開始する 派 **commencement** 名開始 …… 63
- □ **delegate** 他委譲する 派 **delegation** 名委譲；代表団 …… 105
- □ **expedite** 他早める …… 223
- □ **facilitate** 他促進する；円滑にする …… 173
- □ **integrate** 他統合する …… 177
- □ **lure** 他引き込む；誘い込む 名魅力 …… 87
- □ **opt** 他選択する ＊ **opt to do**（～することを選択する）…… 179
- □ **optimize** 他最適化する 派 **optimum** 形最適の …… 213
- □ **recur** 自繰り返す；再来する …… 263
- □ **resume** 他再開する 派 **resumption** 名再開 …… 79
- □ **showcase** 他紹介する：披露する …… 91
- □ **streamline** 他合理化する 名流線型 …… 165
- □ **suit** 他（要望などを）満たす 類 **meet** 満たす …… 17
- □ **surge** 自急上昇する 名急上昇 …… 185
- □ **undergo** 他（検査などを）受ける；（苦難などを）経験する …… 65
- □ **vary** 自変化する 他変更する …… 13
- □ **verify** 他検証する …… 183
- □ **wane** 自衰える …… 265

□ **weigh** 他検討する；重さを量る …… 153

形容詞

□ **acclaimed** 形評価の高い …… 15
□ **adjacent** 形隣接する（**to** ～）…… 207
□ **adverse** 形悪い；有害な …… 231
□ **balance-due** 形不足の；支払うべき …… 181
□ **biased** 形偏向した …… 183
□ **compelling** 形抗いがたいほど魅力的な
派 **compel** 他強制する …… 175
□ **culinary** 形料理の …… 85
□ **intimate** 形私的な …… 215
□ **knowledgeable** 形精通している …… 259
□ **lavish** 形惜しみない …… 129
□ **mandatory** 形義務的な 類 **compulsory** 義務の …… 247
□ **obsolete** 形時代遅れの …… 27
□ **pivotal** 形重要な …… 49
□ **posh** 形高級な …… 85
□ **preliminary** 形予備の …… 193
□ **serviceable** 形お客に出せる；まずまずの …… 169
□ **unredeemable** 形換金できない …… 169
□ **untapped** 形手つかずの …… 105

副詞

☐ **arguably** 副間違いなく 派 **argue** 他自主張する；論じる……201
☐ **chronologically** 副時系列で……255
☐ **subsequently** 副後で……133
☐ **understandably** 副当然ながら……21
☐ **way** 副とても；はるかに ＊ **way too ~**（非常に～）……163

名詞

☐ **abbreviation** 名略語 派 **abbreviate** 他省略する……193
☐ **accountability** 名報告義務；説明責任……211
☐ **confectionery** 名菓子……47
☐ **constraint** 名制約 派 **constrain** 他制約する……219
☐ **contact** 名連絡窓口；コネ 類 **connection** コネ；取引先……73
☐ **departure** 名退任……187
☐ **disruption** 名混乱；遮断……29
☐ **duration** 名継続時間……55
☐ **eligibility** 名権利；資格 派 **eligible** 形権利・資格のある……131
☐ **evangelist** 名伝道者；推進者……179
☐ **findings** 名調査結果……93
☐ **formality** 名形式的な手続き……211
☐ **implication** 名（通例、複数）影響
派 **imply** 他ほのめかす；示す……149
☐ **incorporation** 名組み込み；法人化
派 **incorporate** 他組み込む；法人化する……115
☐ **ingredient** 名素材；食材……155
☐ **litter** 名ゴミ 自ゴミを捨てる……265

□ **momentum** 名勢い……………………………………………… 249
□ **pantry** 名食器室 ………………………………………………69
□ **precaution** 名用心…………………………………………… 183
□ **proceed** 名（通例、複数）収益 自続行する …………………109
□ **proximity** 名近接……………………………………………… 219

前置詞

□ **amid** 前～の間に；～のさなかに ………………………………… 37
□ **notwithstanding** 前～にもかかわらず …………………………… 65
□ **throughout** 前～の間中ずっと…………………………………… 59

イディオム

□ **a round of** 一斉の（拍手・歓声）………………………………… 41
□ **across the spectrum** 広範囲の；多様な ………………………… 17
□ **apart from** ～を除いて …………………………………………… 95
□ **be centered on** ～を中心に置く…………………………………243
□ **benefit from** ～から利益を得る ………………………………… 37
□ **cater to** ～のニーズを満たす……………………………………… 17
□ **cut down on** ～を削減する………………………………………163
□ **fill in for** ～を代理する …………………………………………167
□ **for the sake of** ～のために…………………………………… 131
□ **generate leads** 見込み客を獲得する ………………………… 125
□ **given that** ～を考慮に入れると …………………………………233
□ **in a row** 連続して；１列になって……………………………… 25
□ **in conjunction with** ～とともに……………………………… 217

□ **in light of**　～を考慮して……253
□ **inasmuch as**　～だから……253
□ **irrespective of**　～にかかわりなく……243
□ **not ~ in the slightest**　少しも～ない……187
□ **on account of**　～のために……99
□ **on the grounds that**　～という理由で……221
□ **pave the way**　（道を）開く……175
□ **pertain to**　～に関連する……261
□ **provided that**　～という条件で……153
□ **spin off**　～を分離独立させる……197
□ **squeeze ~ in**　～を押し込む；～を詰め込む……41
□ **taper off**　先細りになる……265
□ **to date**　今までで……35
□ **track down**　～を突き止める……245

連語

□ **click and mortar**　オンライン店舗と実店舗
＊**brick and click**（実店舗とオンライン店舗）…177
□ **fulfillment center**　配送センター……83
□ **function room**　会議室；会食室……97
□ **tax return**　納税申告……181

●著者紹介

成重　寿　Hisashi Narishige

三重県出身。一橋大学社会学部卒。英語教育出版社、海外勤務の経験を生かして、TOEICを中心に幅広く執筆・編集活動を行っている。合同会社ペーパードラゴン代表。TOEIC TEST 990点満点。

主要著書：『TOEIC® L&R TEST英単語スピードマスター』、『TOEIC® TEST必ず☆でる単スピードマスター』、『TOEIC® L&R TEST必ず☆でる熟語スピードマスター』、『TOEIC® L&R TEST英文法TARGET 730』、『ゼロからスタート英単語 中級 STANDARD 3000』（以上、Jリサーチ出版）など。

カバーデザイン	中村　聡（Nakamura Book Design）
本文デザイン／DTP	江口うり子（アレピエ）
英文作成・校正協力	CPI Japan
校正協力	巣之内　史規

本書へのご意見・ご感想は下記URLまでお寄せください。
https://www.jresearch.co.jp/contact/

TOEIC® L&R TEST 英文法 TARGET 900

令和2年（2020年）9月10日　初版第1刷発行
令和3年（2021年）8月10日　　第2刷発行

著　者　成重　寿
発行人　福田富与
発行所　有限会社　Jリサーチ出版
〒166-0002　東京都杉並区高円寺北2-29-14-705
電話03(6808)8801（代）　FAX 03(5364)5310
編集部03(6808)8806
https://www.jresearch.co.jp
印刷所　㈱シナノ パブリッシング プレス

ISBN978-4-86392-495-6